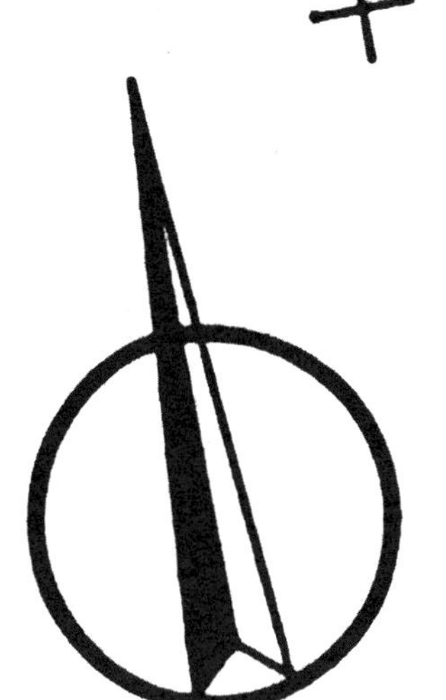

DRETA)

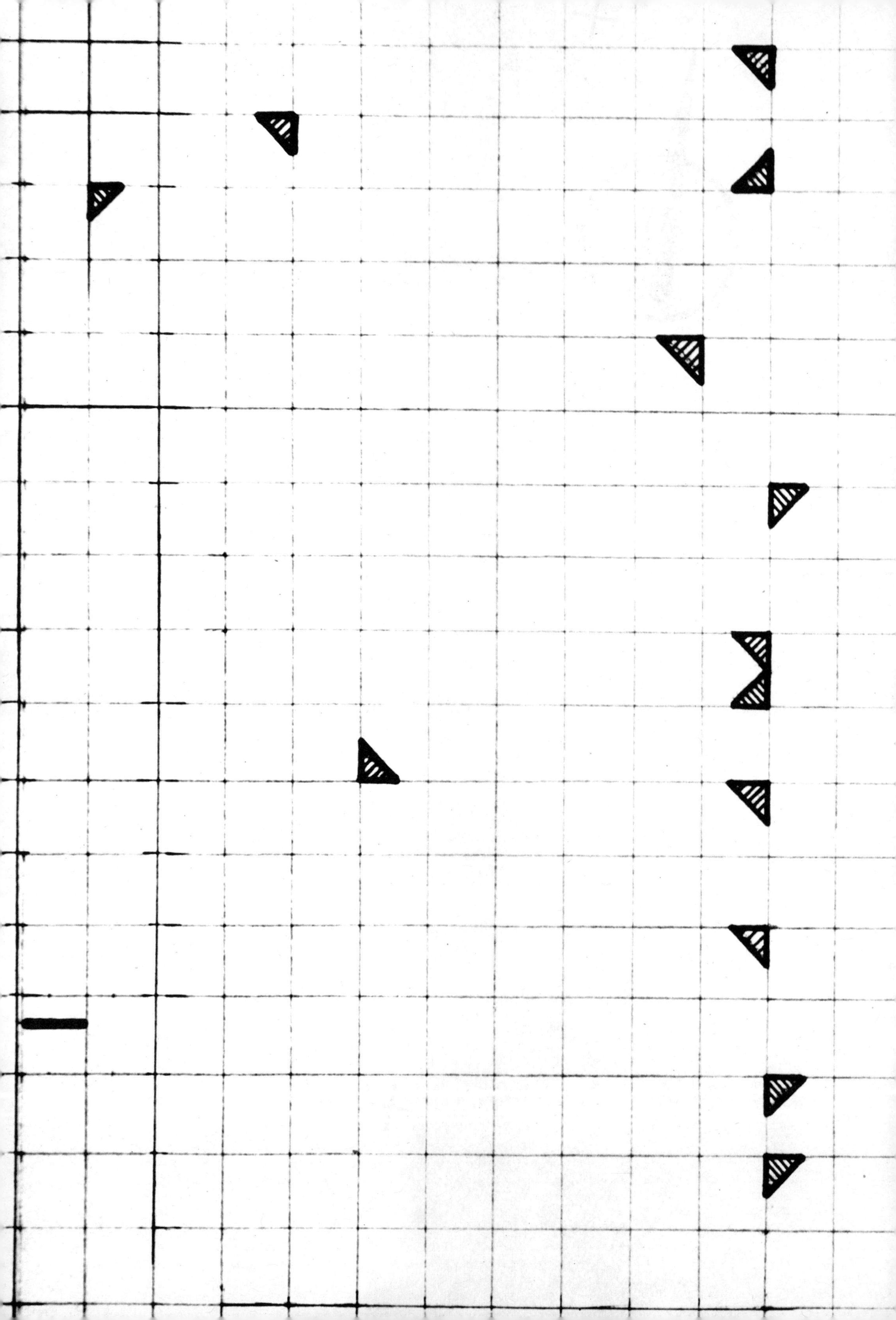

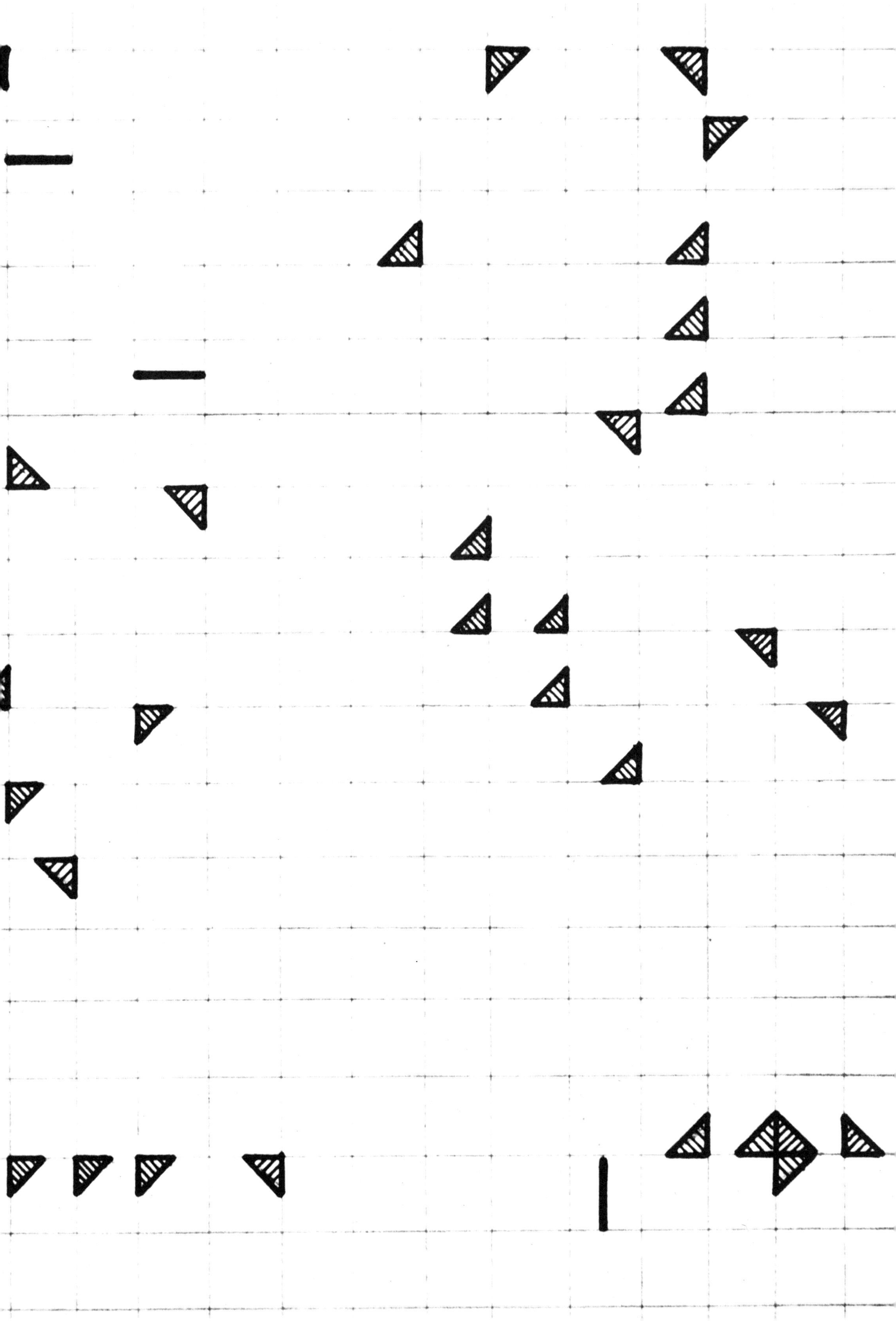

NUMBER 0867

EVERYBODY NEEDS

GOOD NEIGHBOURS

VILOBÍ D'ONYAR - CATALONIA - SPAIN

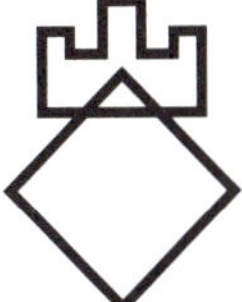

YEAR	COPIES	PAGES
05/2013 - 01/2015	1000	148

IMAGES	PAPER
72 PICTURES + 8 MAPS	CYCLUS OFFSET 70, 200gr/m² · CREATOR STAR 170gr/m²

LEGAL DEPOSIT	ISBN	
DLB-27494-2014	978-84-16282-07-4	9788416282074

A PROJECT BY

PUBLISHING AND PHOTOGRAPHY: ARNAU BLANCH, ART DIRECTION: ELOI GIMENO, DESIGN: KENTARO TERAJIMA, TEXT: SONIA FERNANDEZ PAN, VEHICLE: ORIOL VIVAS, PRINTED IN SYL, DISTRIBUTED BY RM #221, ALL PICTURES WERE TAKEN IN THE MUNICIPAL AREA OF VILOBÍ D'ONYAR (32.61KM²)

PHOTOGRAPHER	ART DIRECTOR	DESIGNER

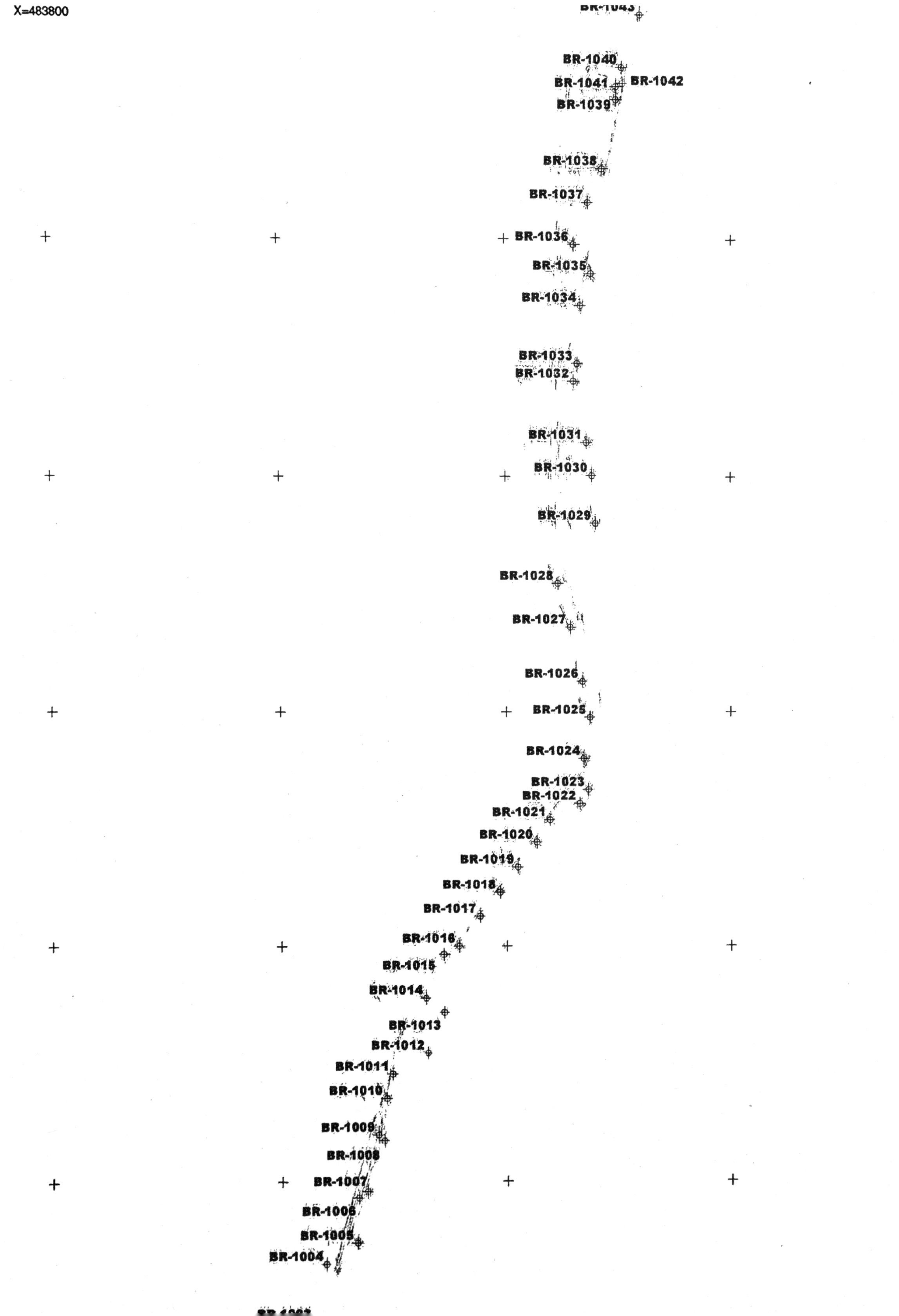

X=483800

BR-1043

BR-1040

BR-1041 BR-1042

BR-1039

BR-1038

BR-1037

BR-1036

BR-1035

BR-1034

BR-1033

BR-1032

BR-1031

BR-1030

BR-1029

BR-1028

BR-1027

BR-1026

BR-1025

BR-1024

BR-1023

BR-1022

BR-1021

BR-1020

BR-1019

BR-1018

BR-1017

BR-1016

BR-1015

BR-1014

BR-1013

BR-1012

BR-1011

BR-1010

BR-1009

BR-1008

BR-1007

BR-1006

BR-1005

BR-1004

BR-1003

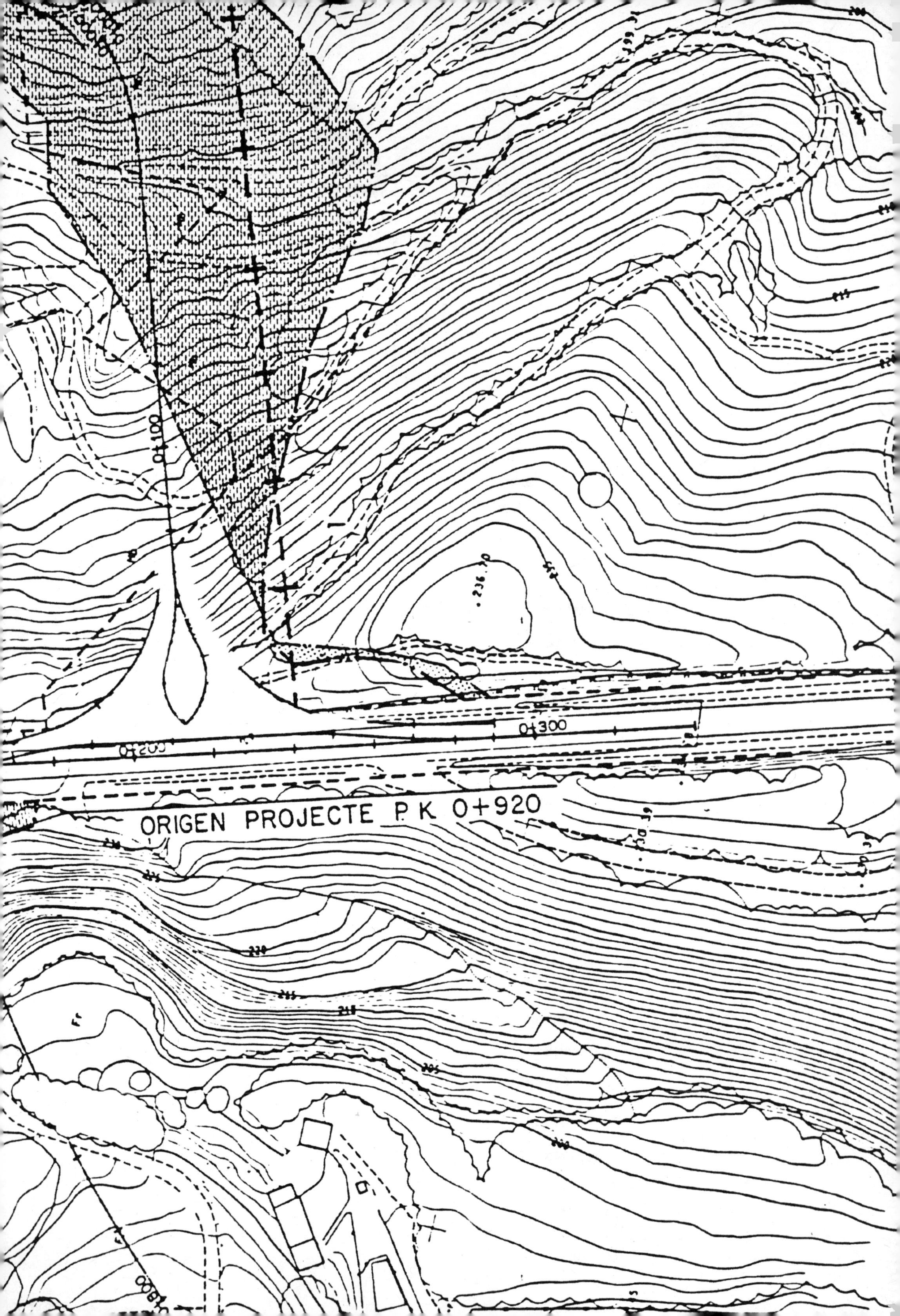
ORIGEN PROJECTE P.K. 0+920
0+300
0+200
0+100
236.30

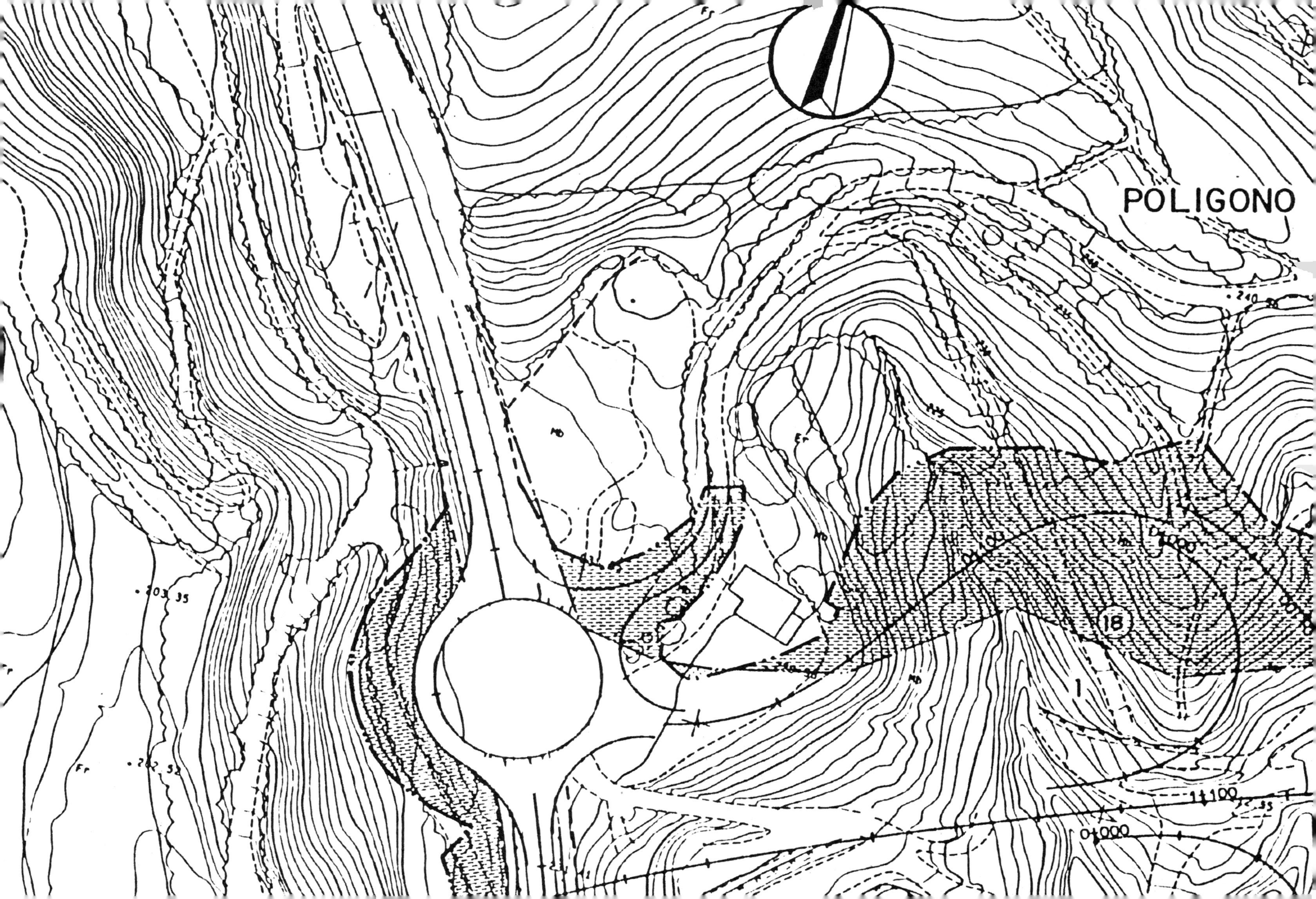
POLIGONO
18
1+100
0+000

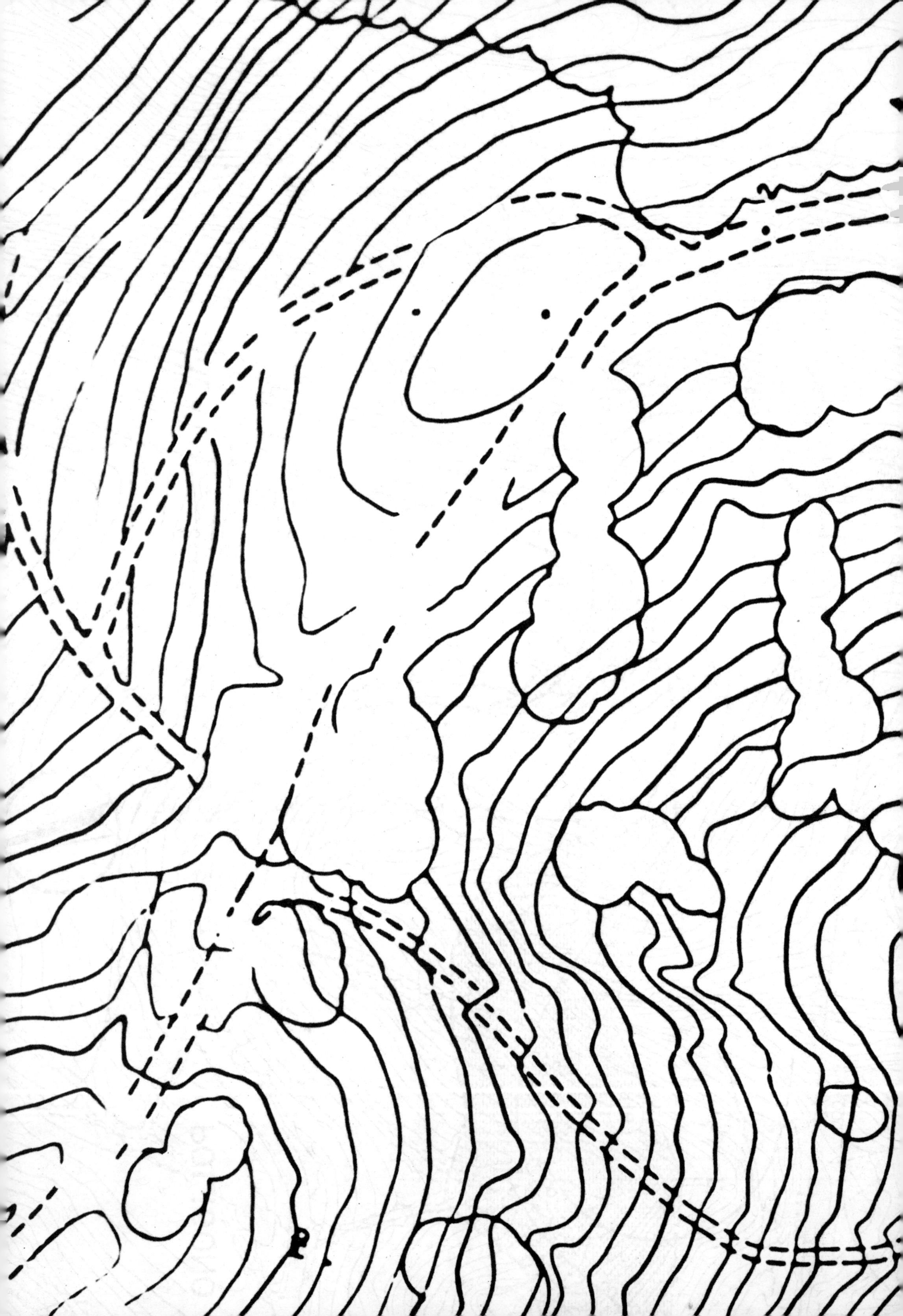

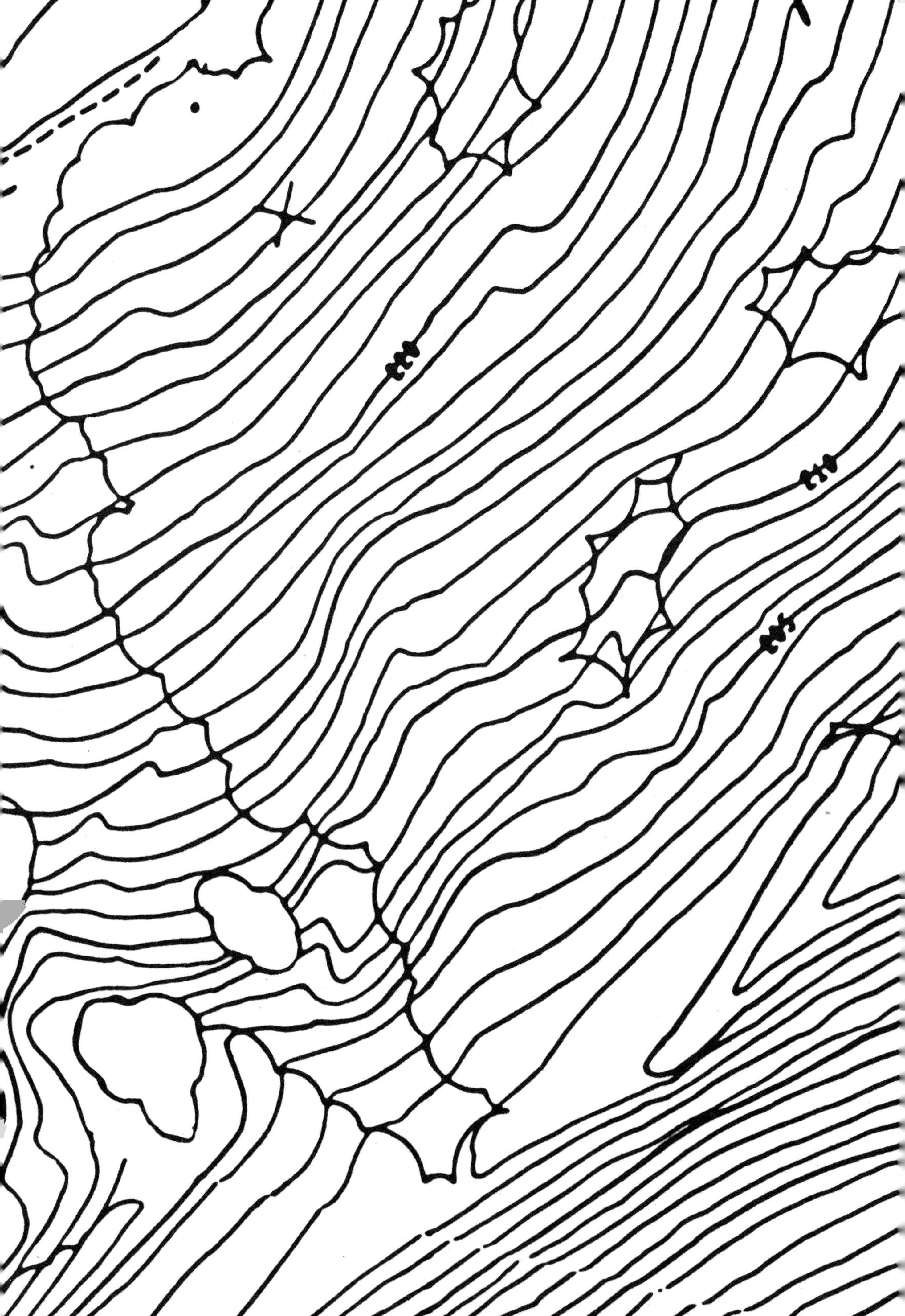

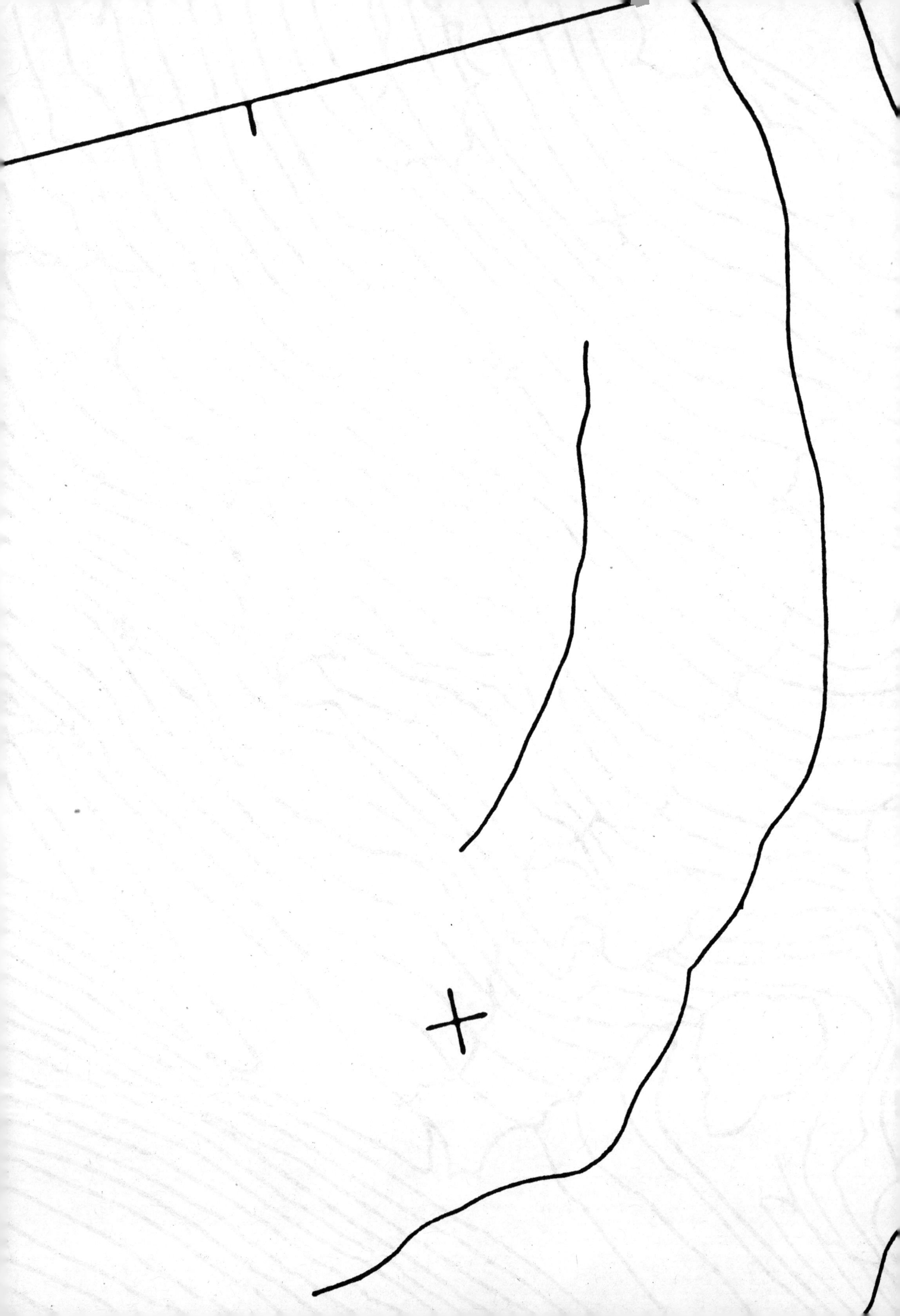

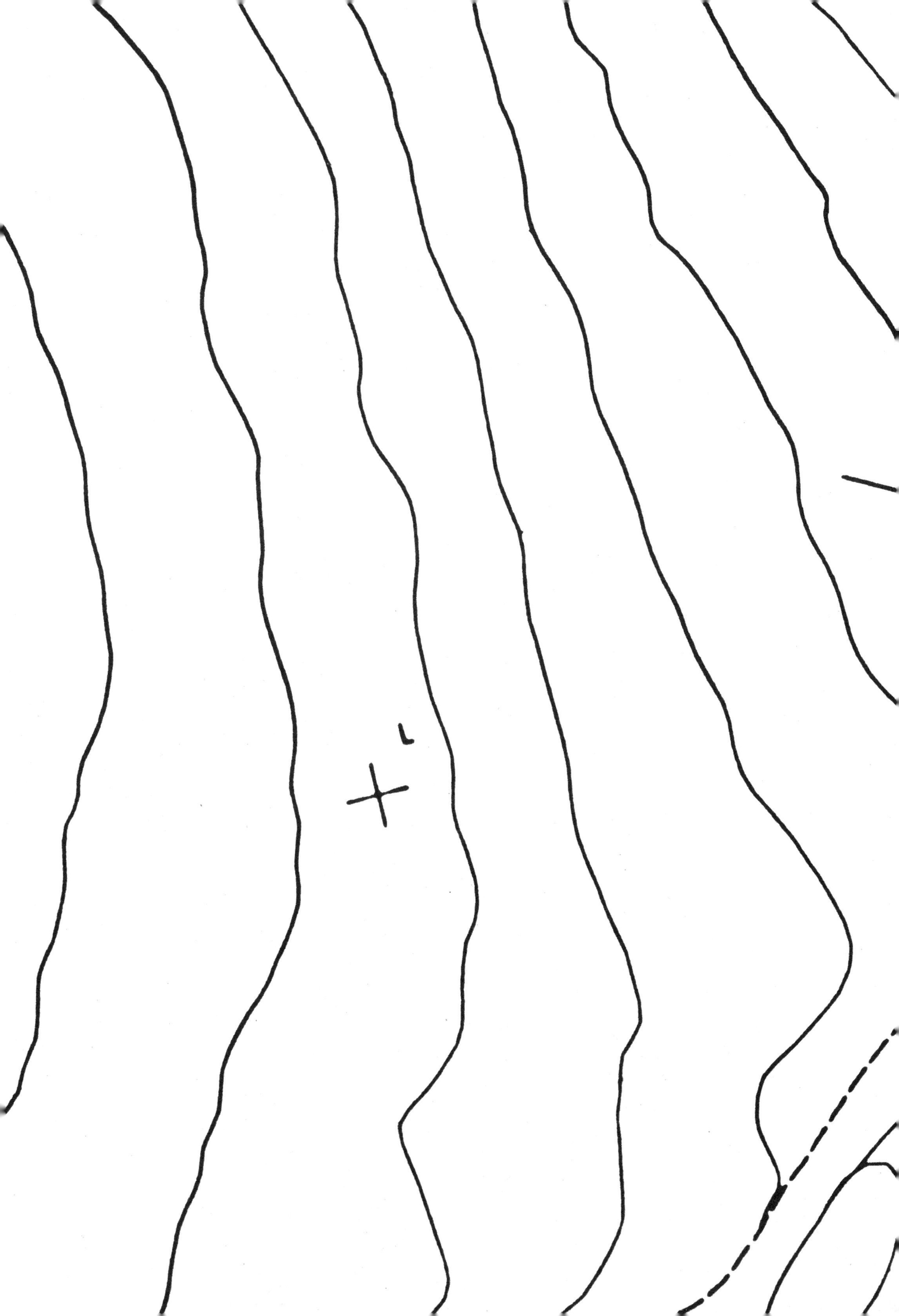

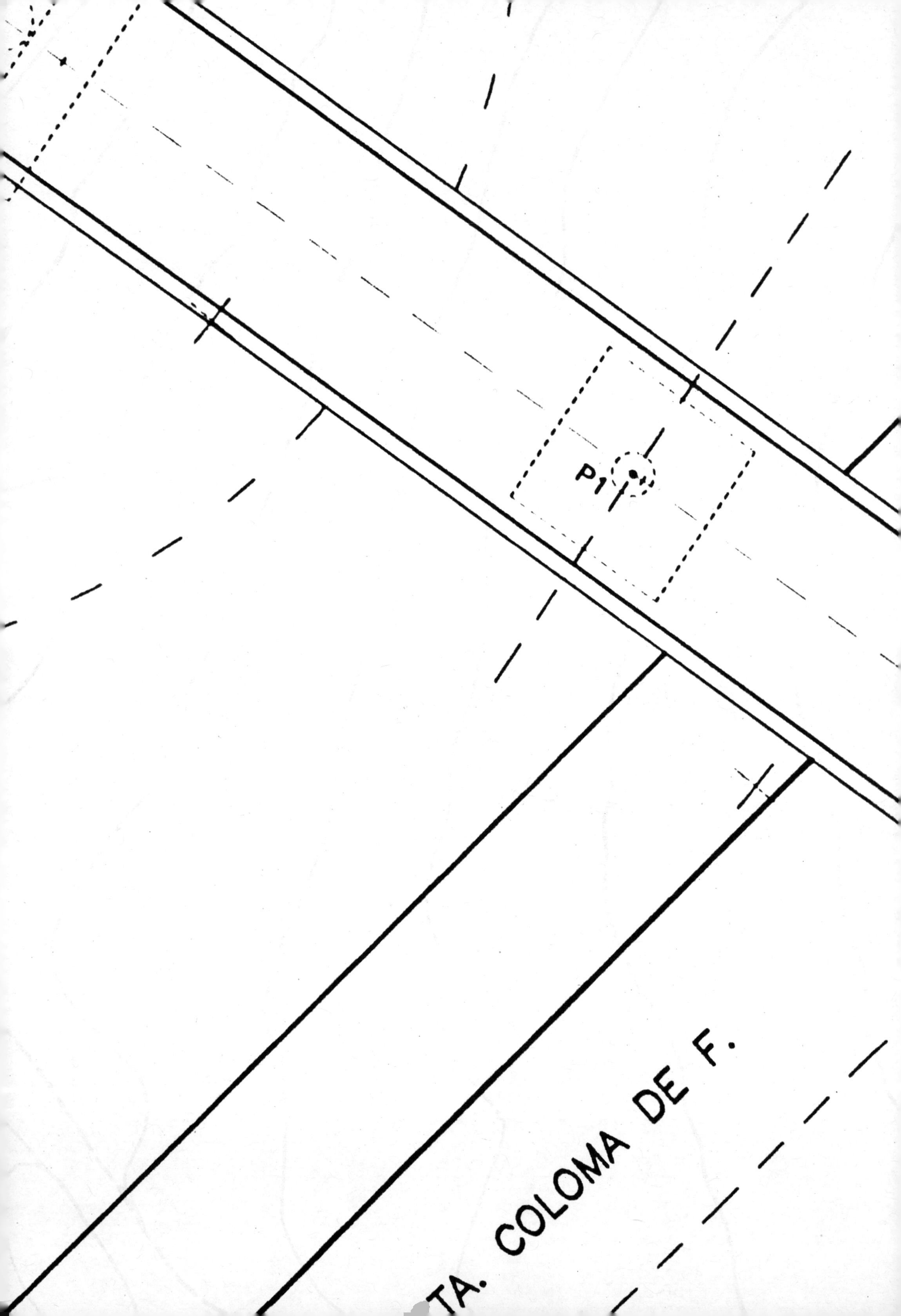
P1
TA. COLOMA DE F.

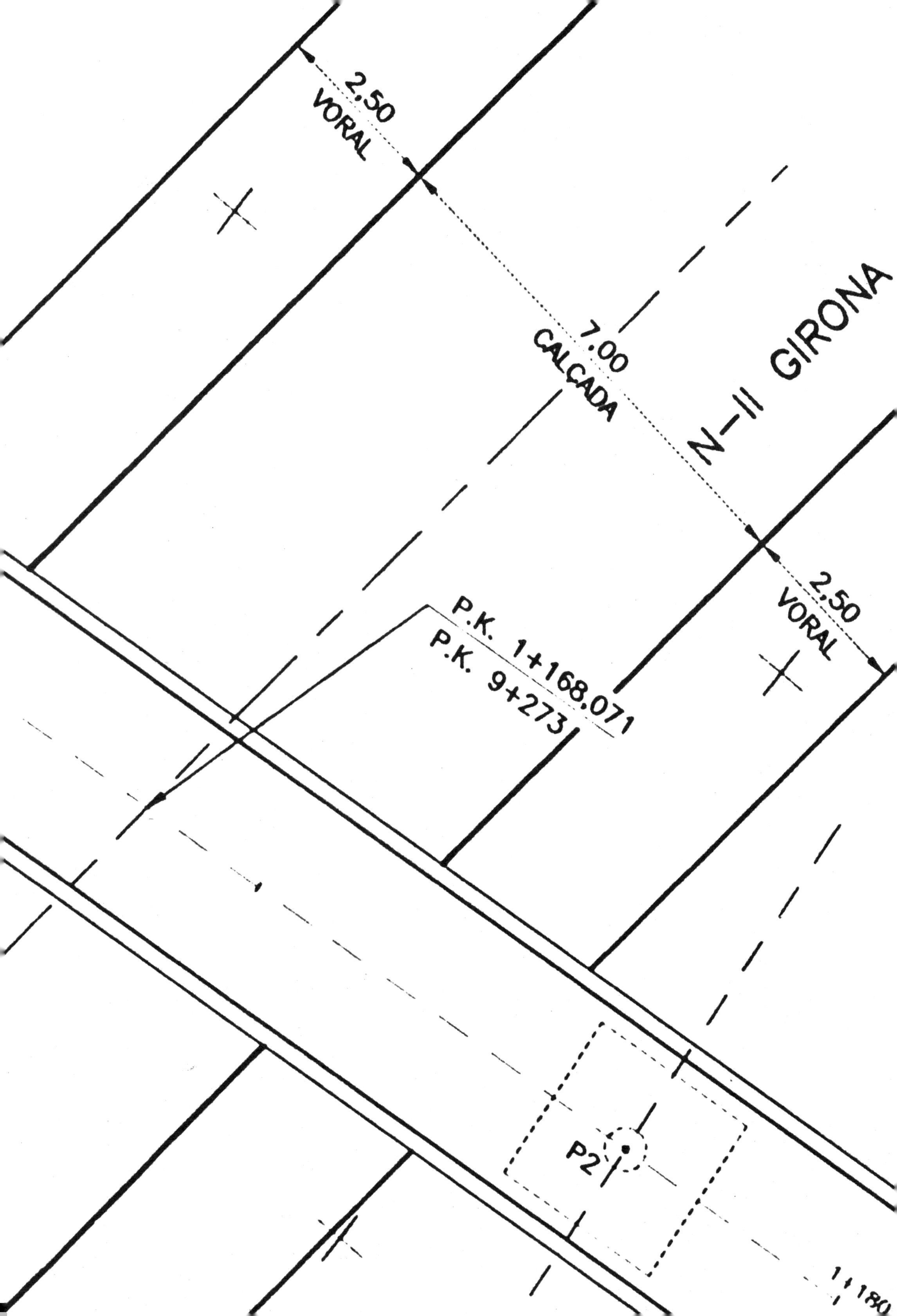
2,50
VORAL
7,00
CALÇADA
N–II GIRONA
P.K. 1+168,071
P.K. 9+273
2,50
VORAL
P2
1+180

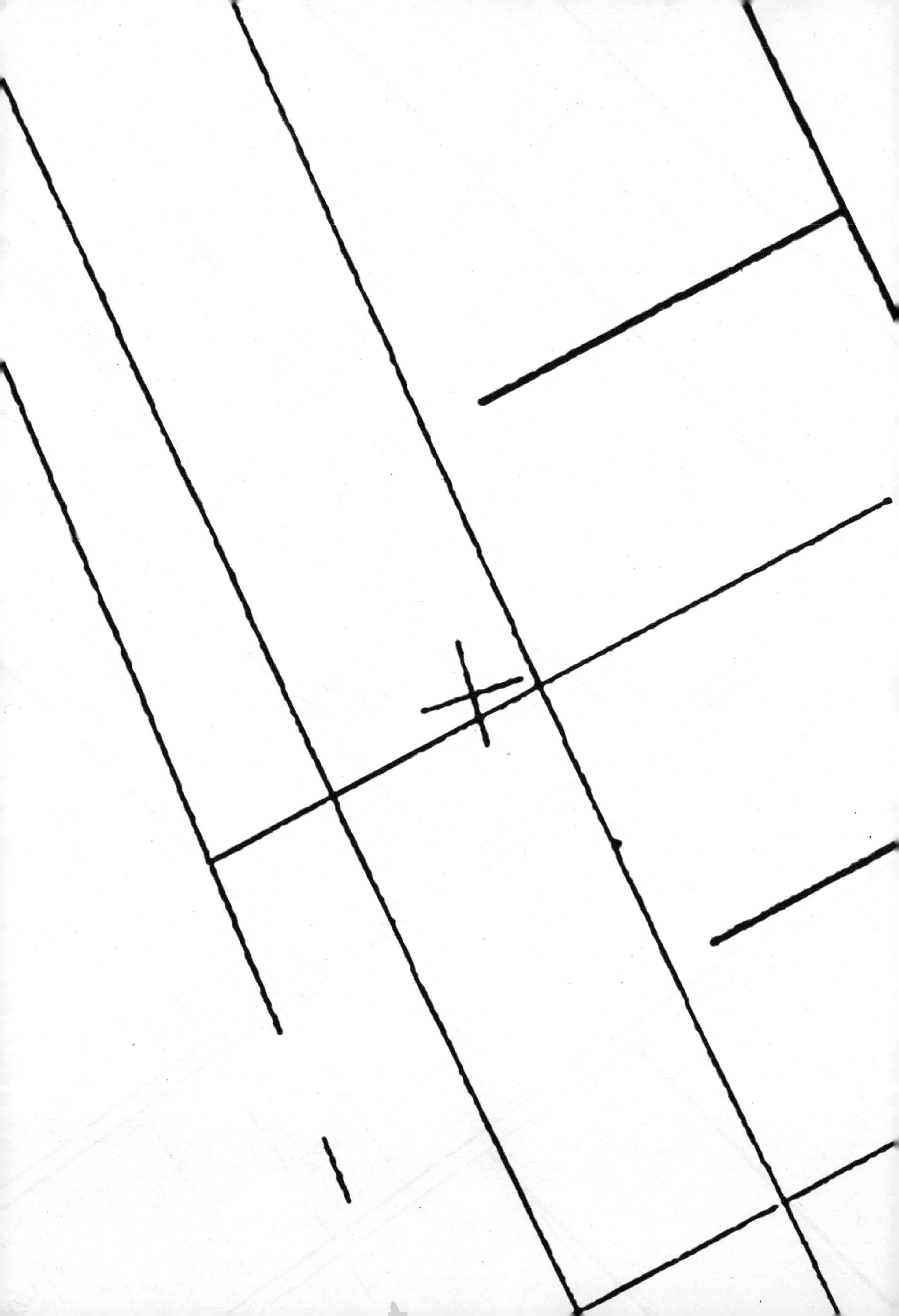

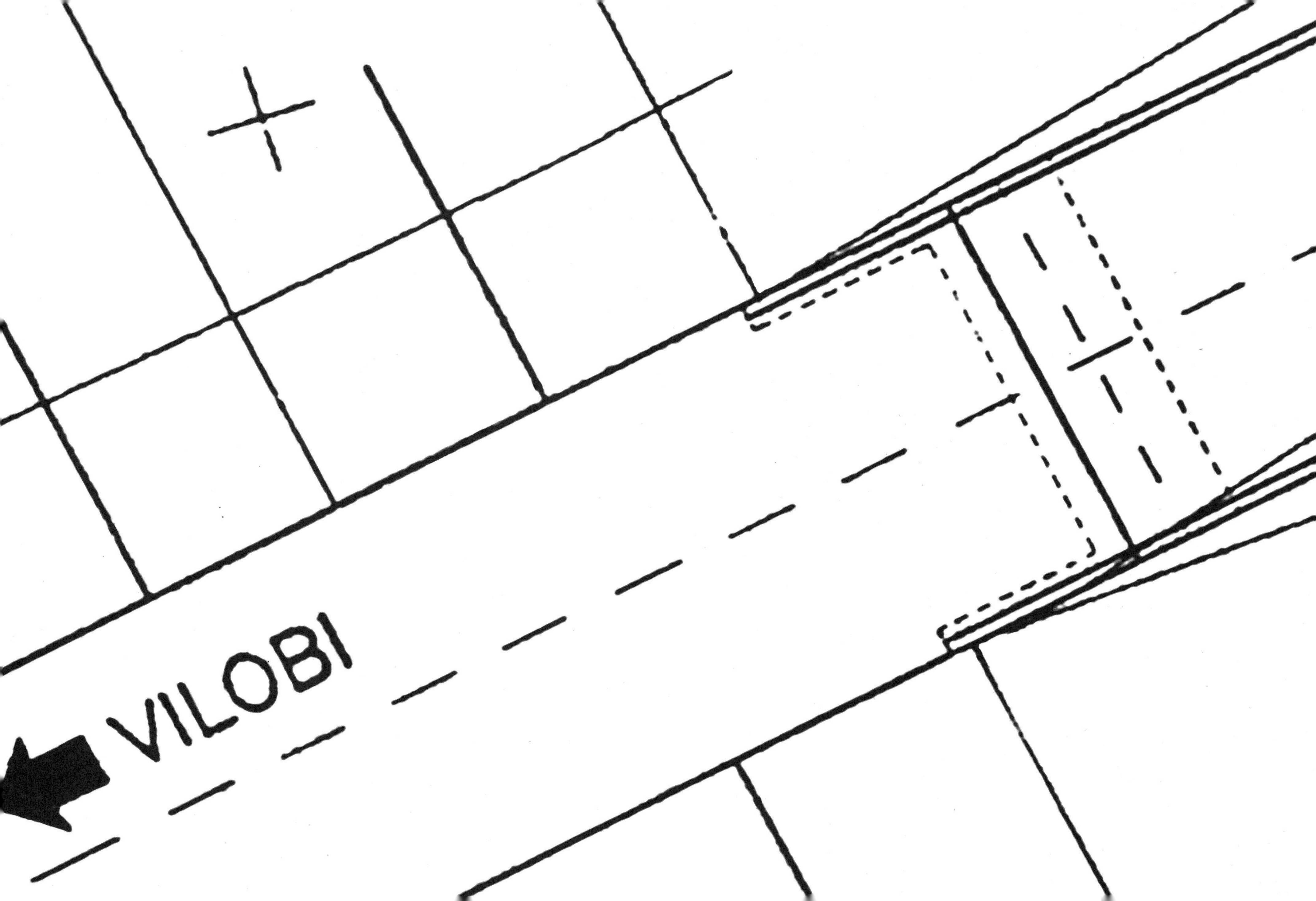
VILOBI

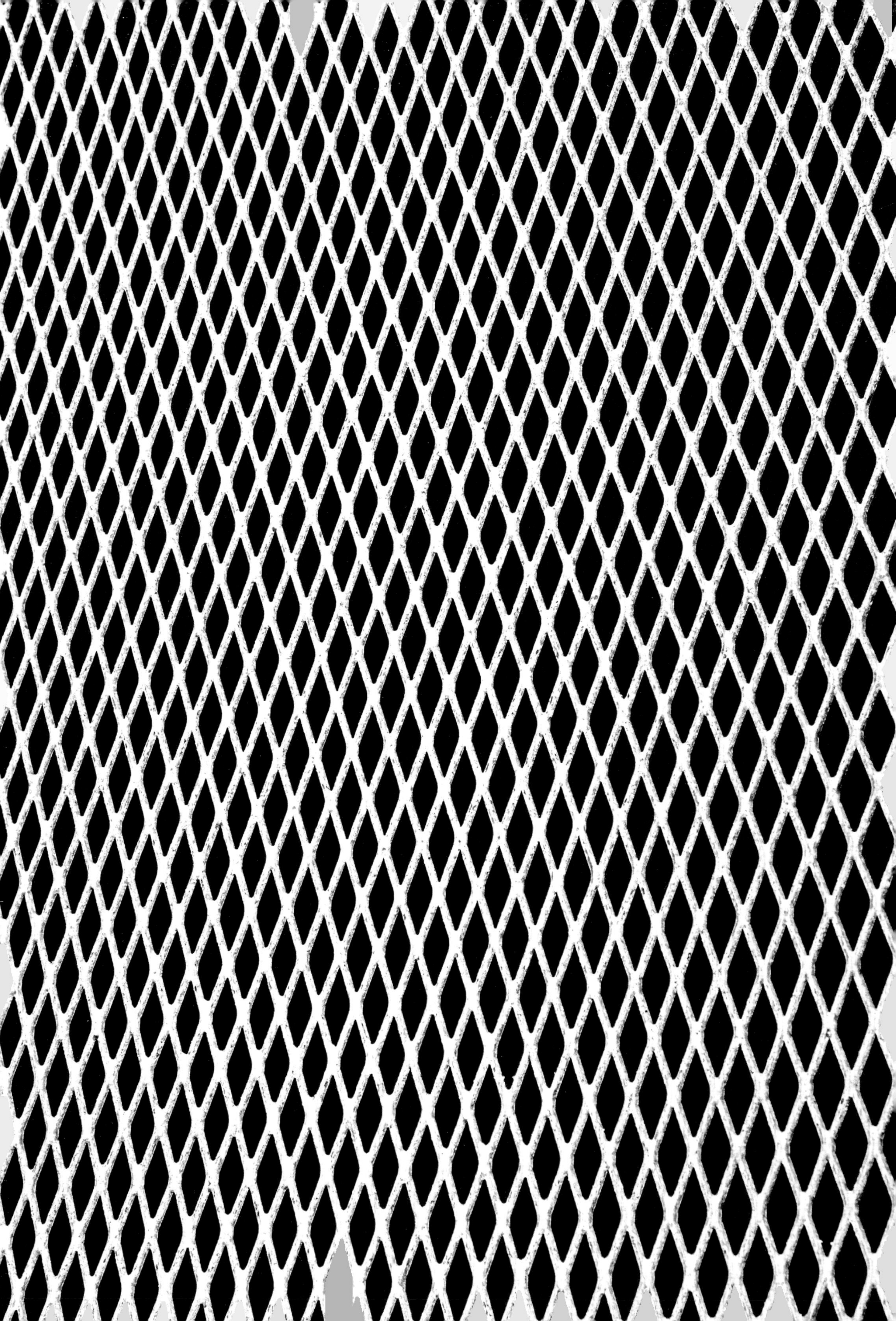

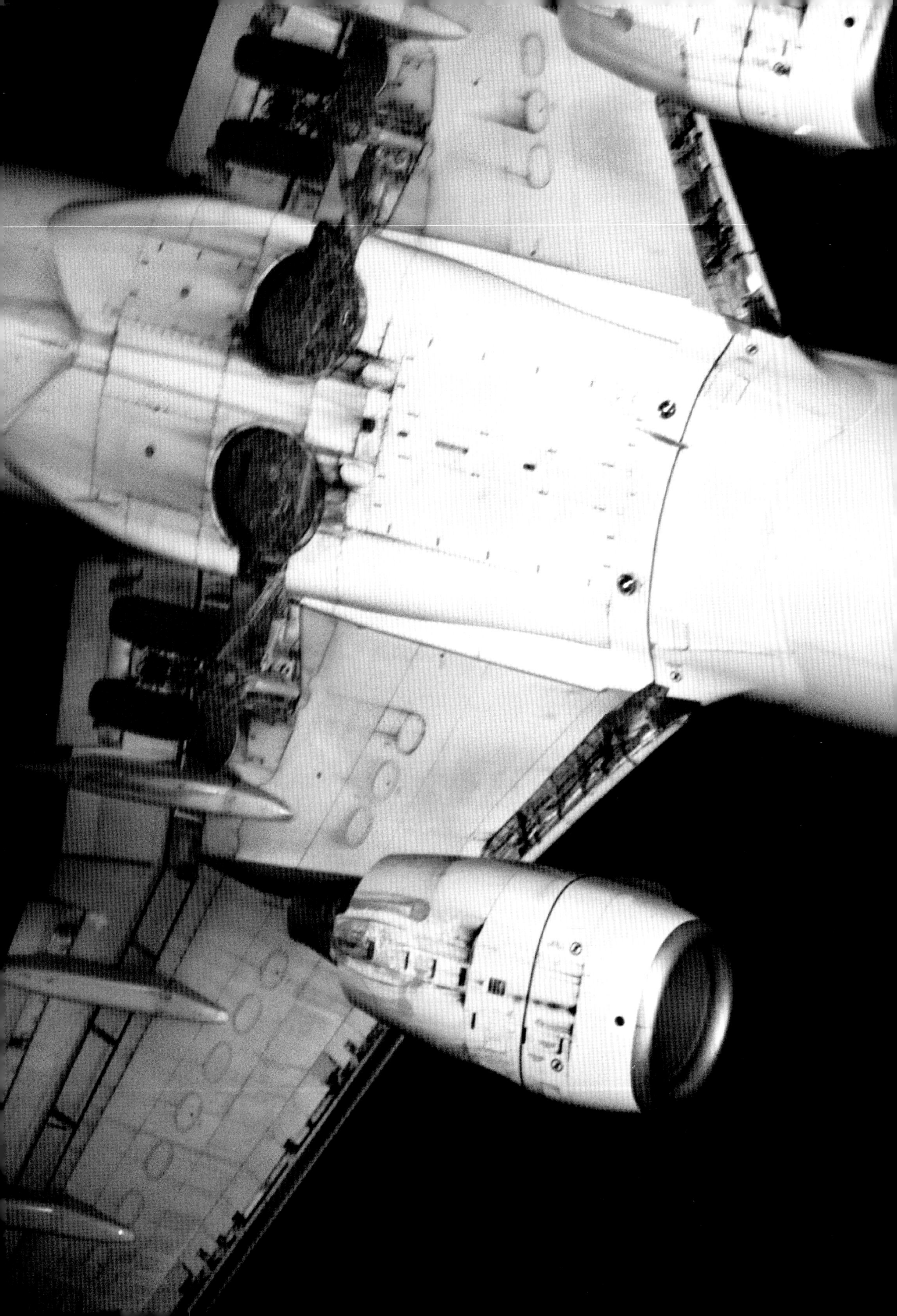

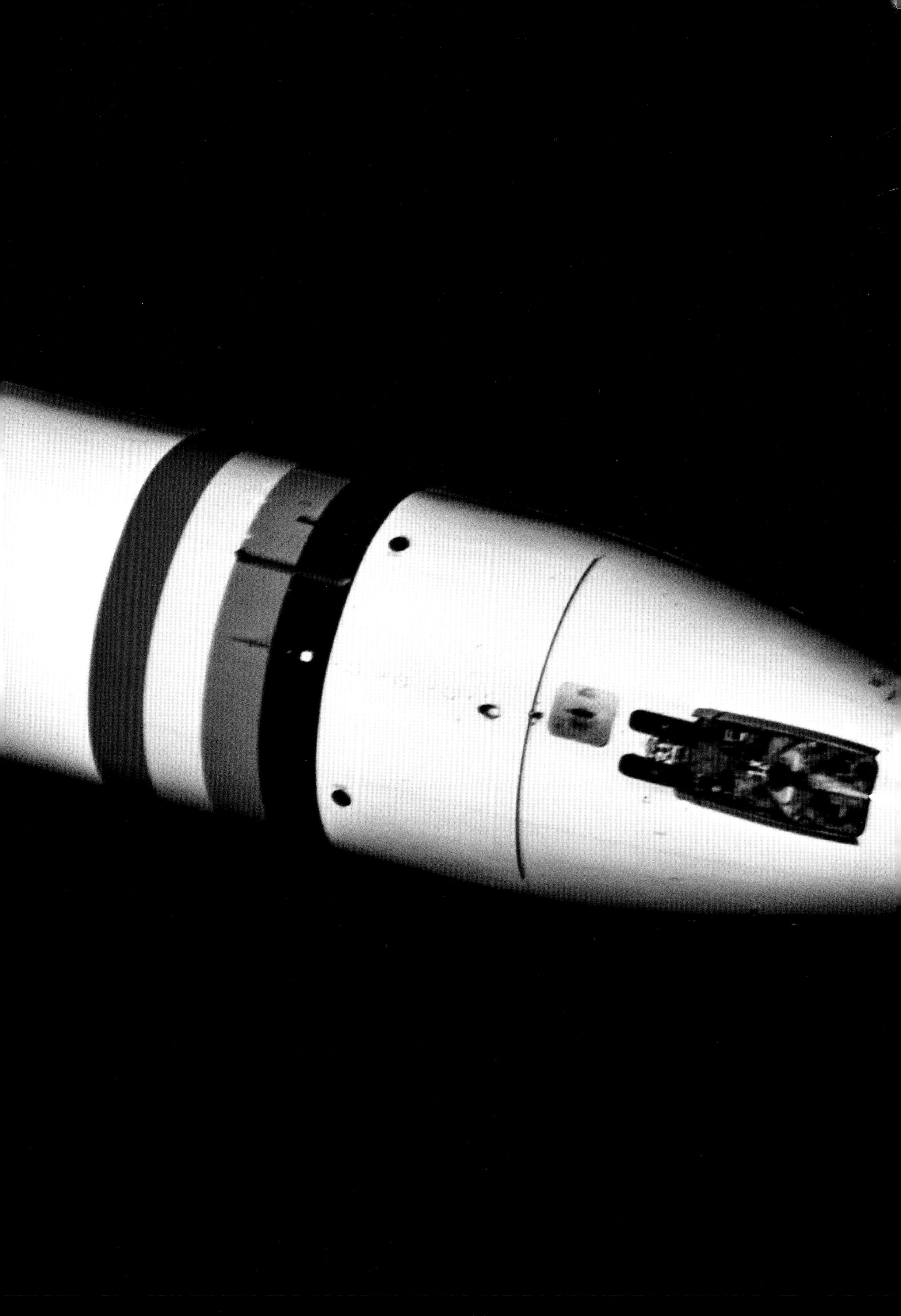

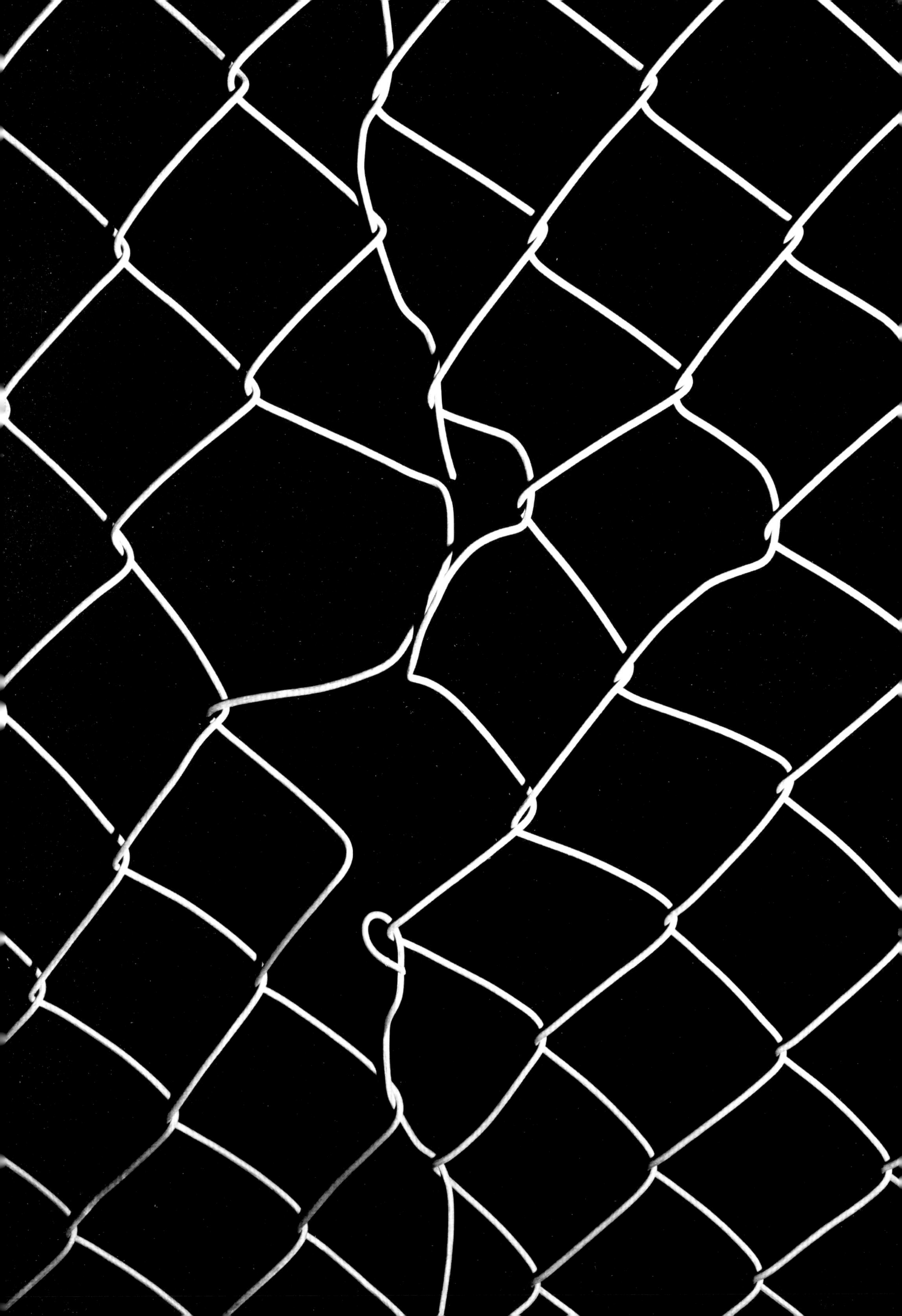

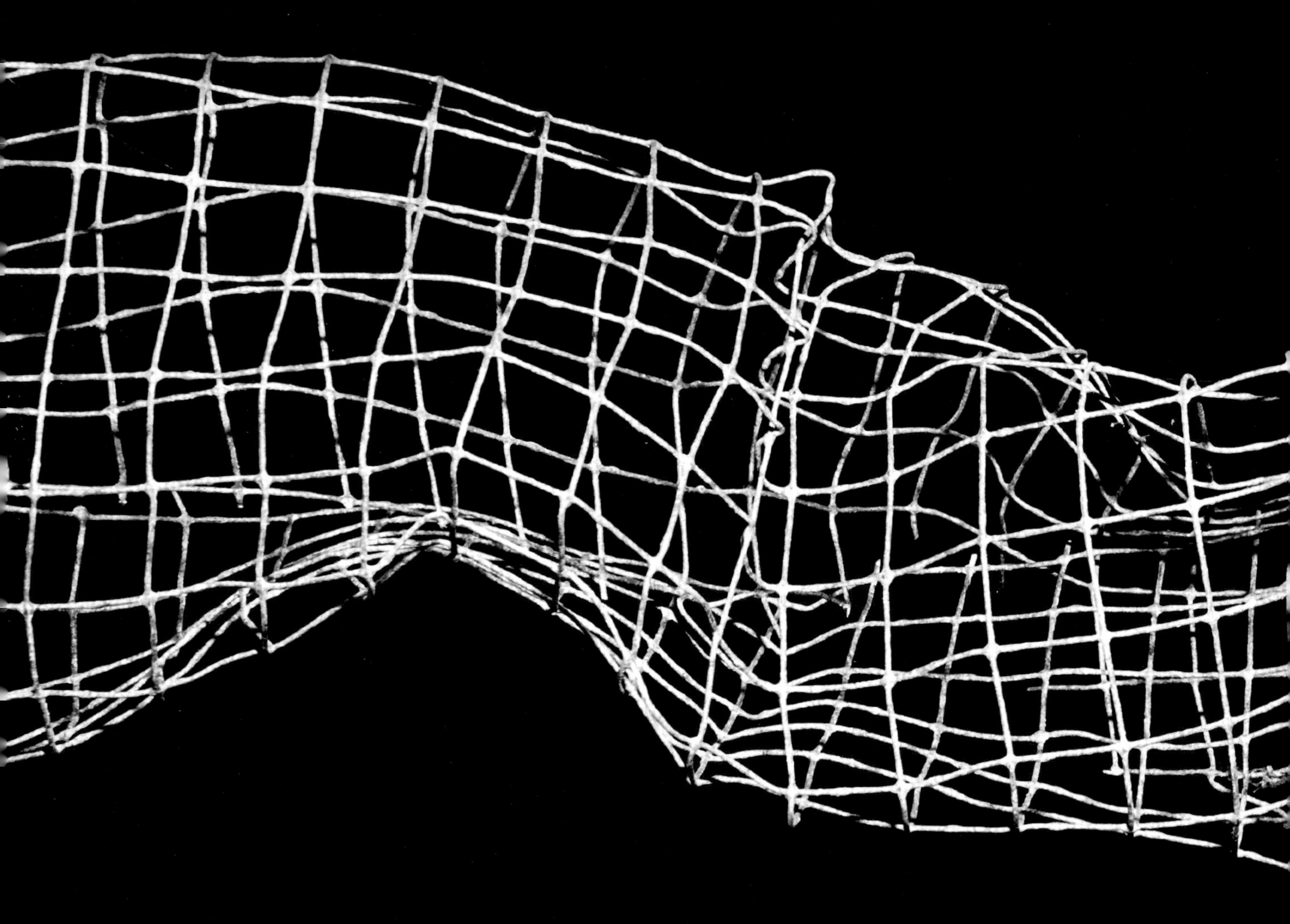

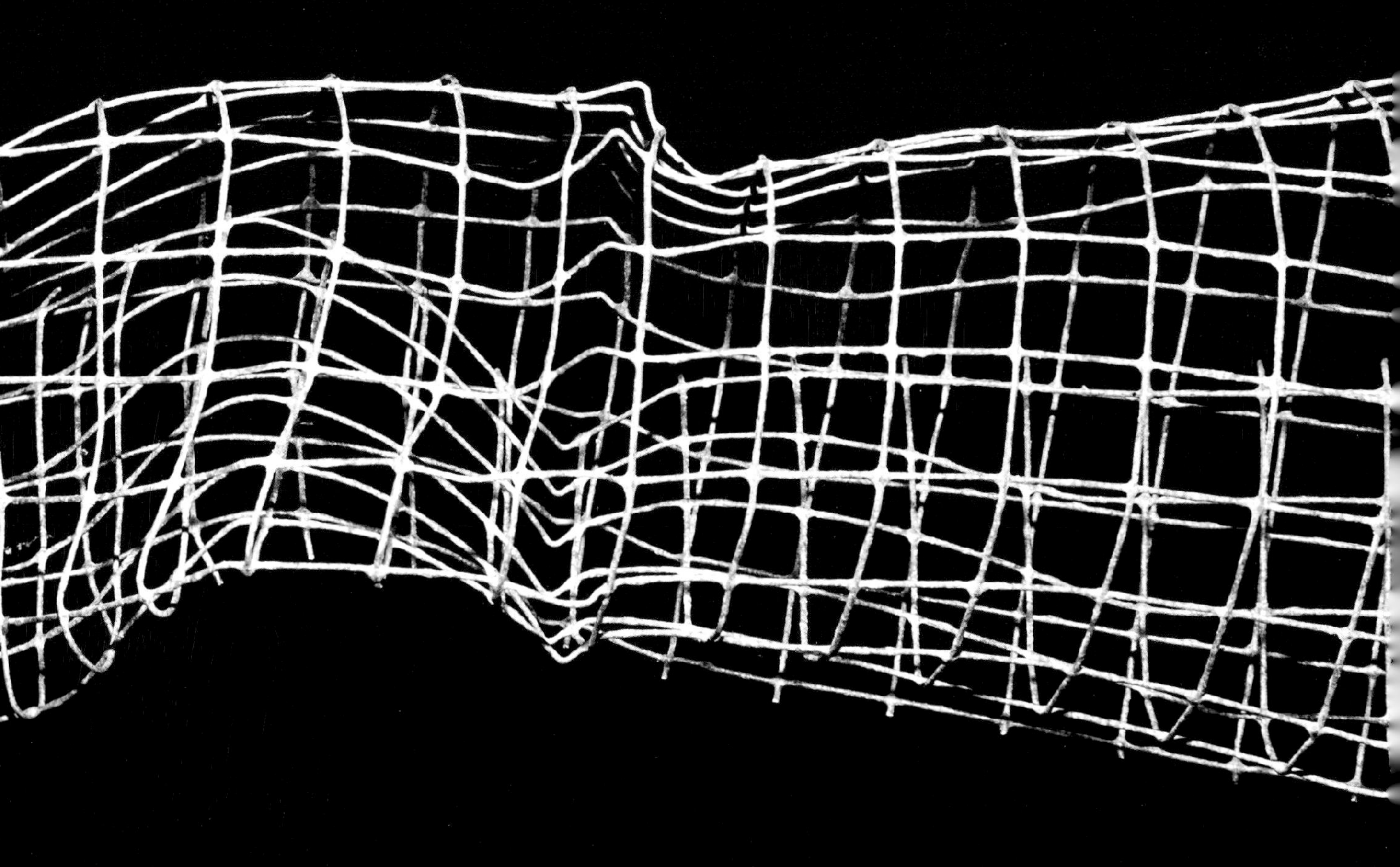

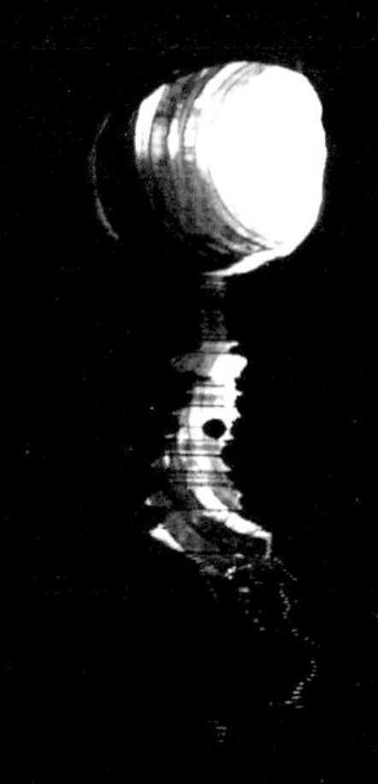

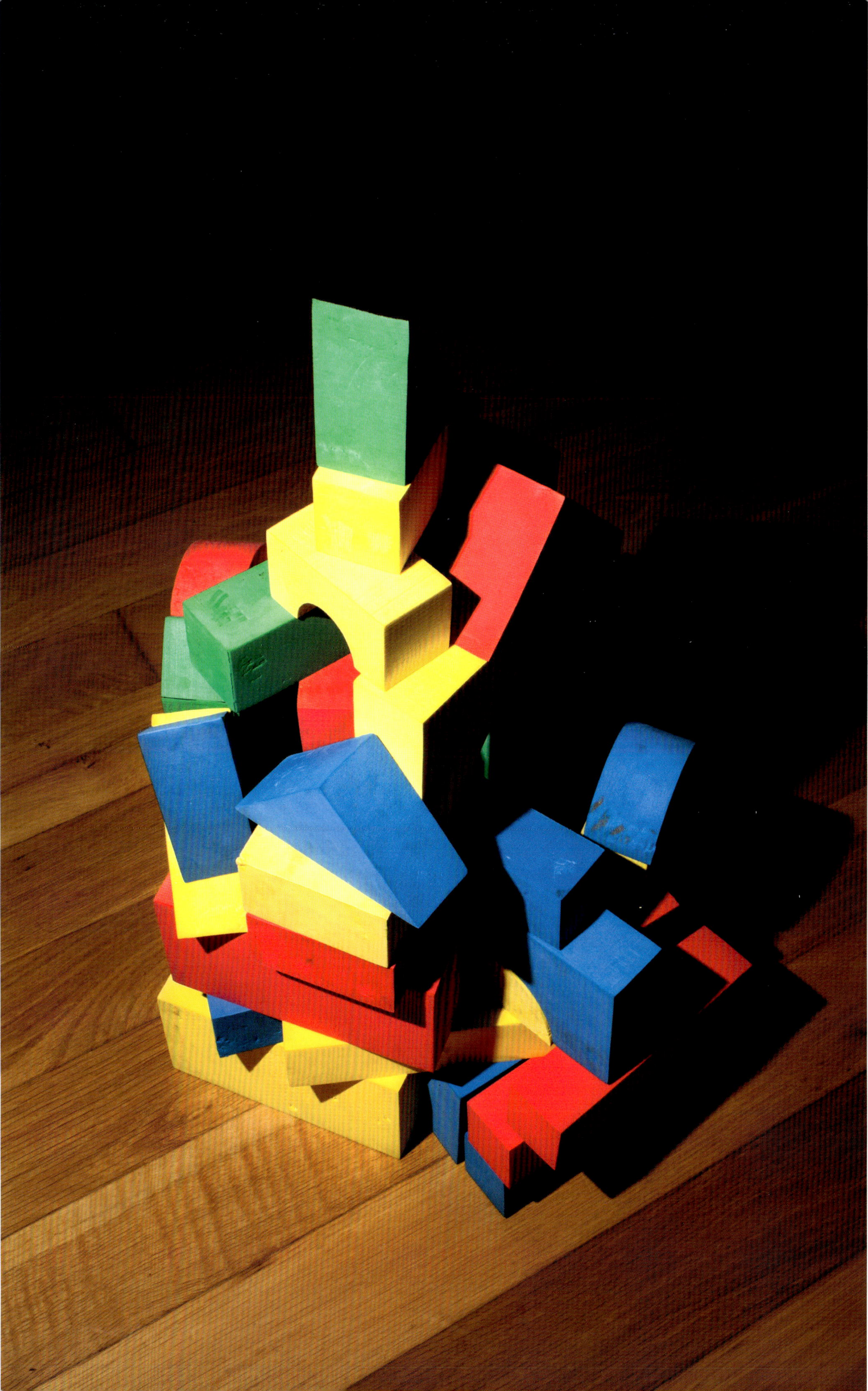

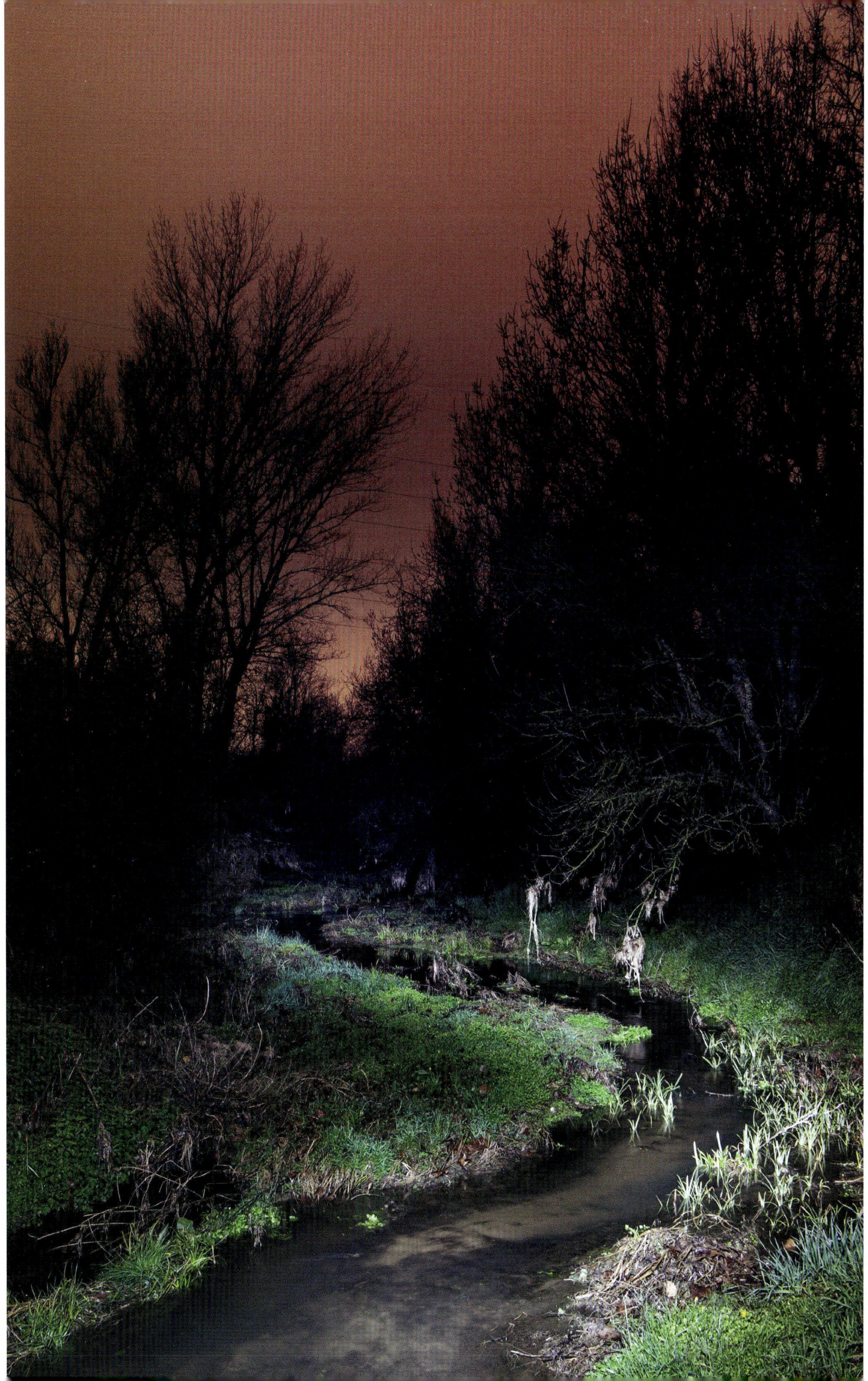

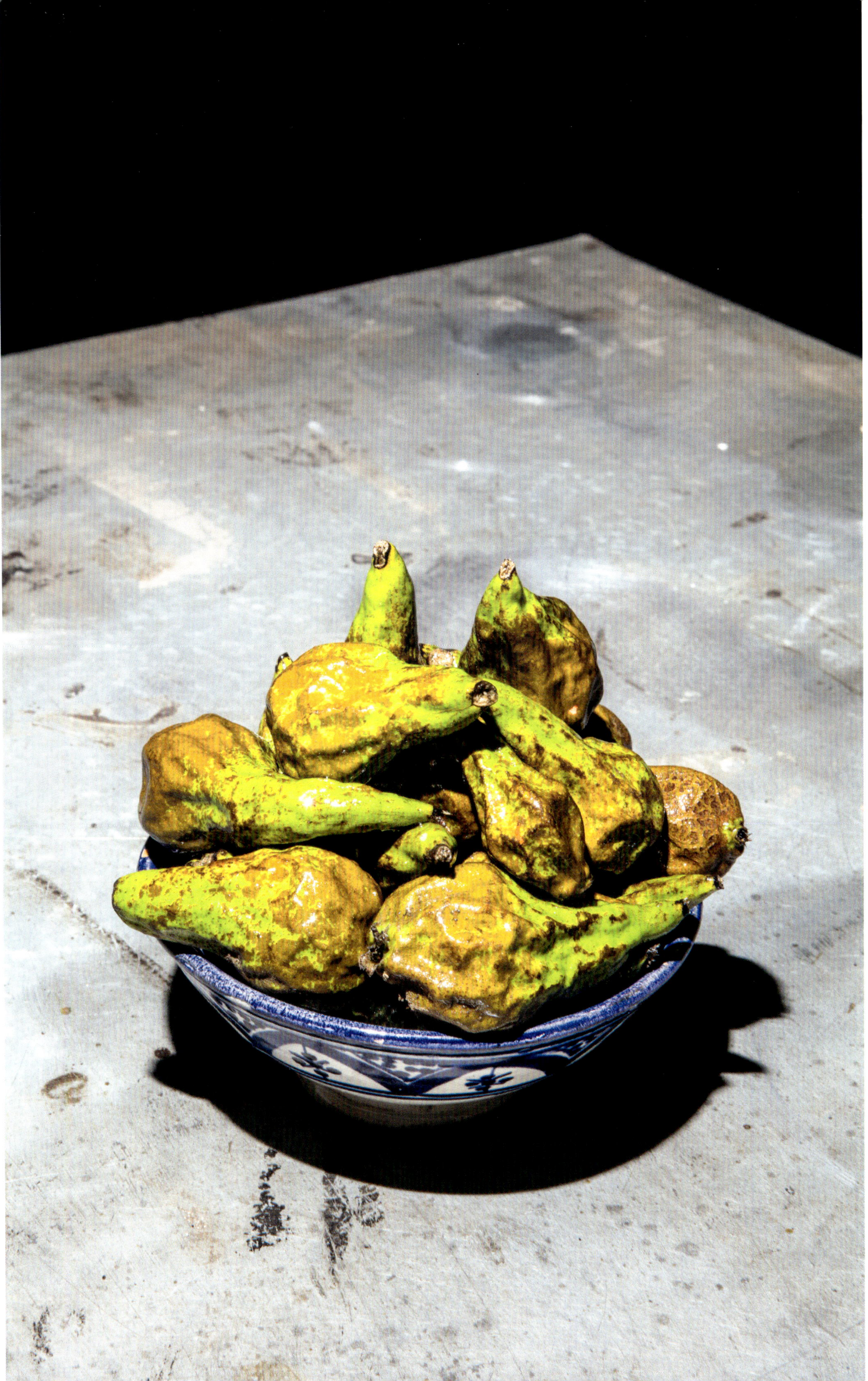

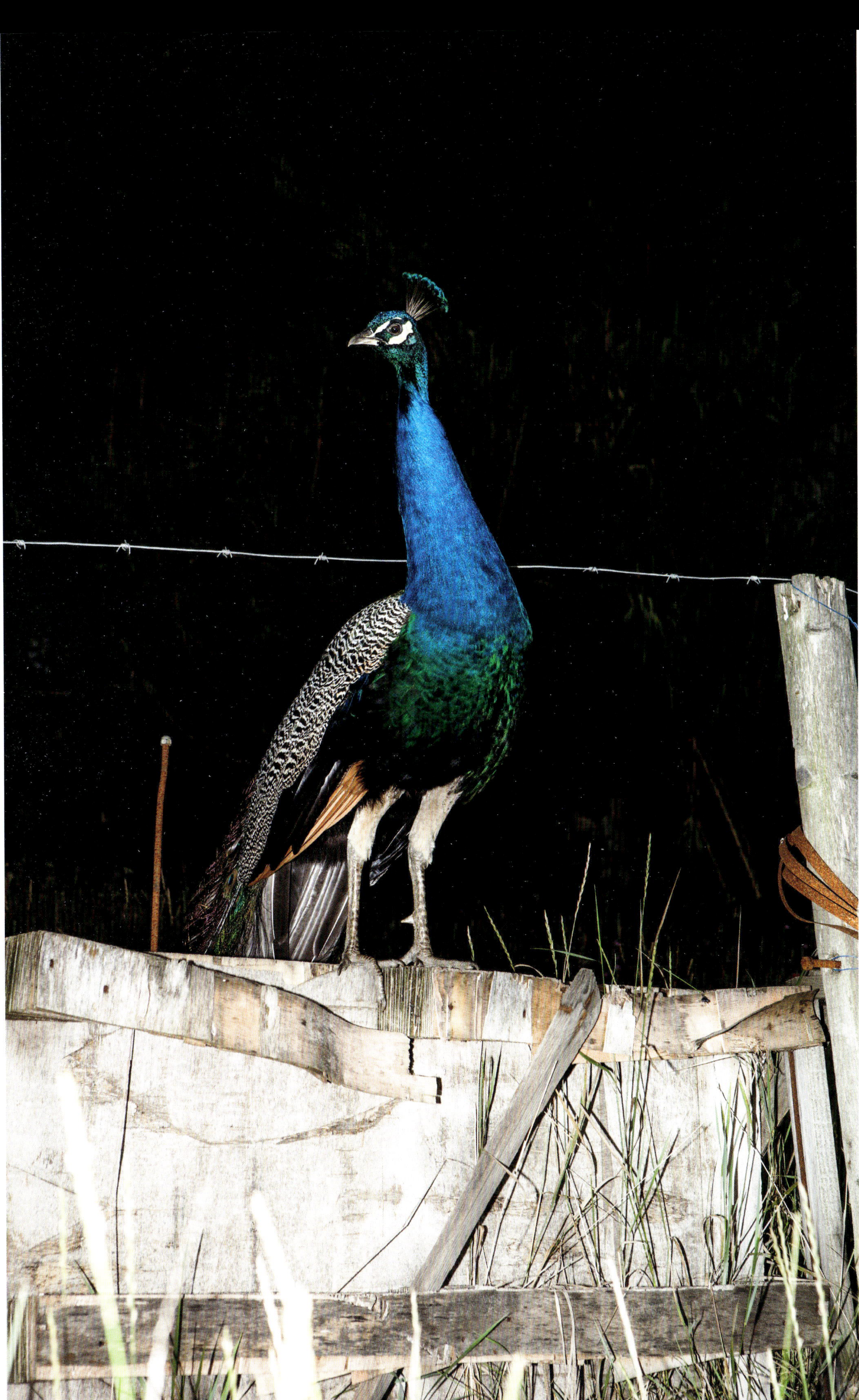

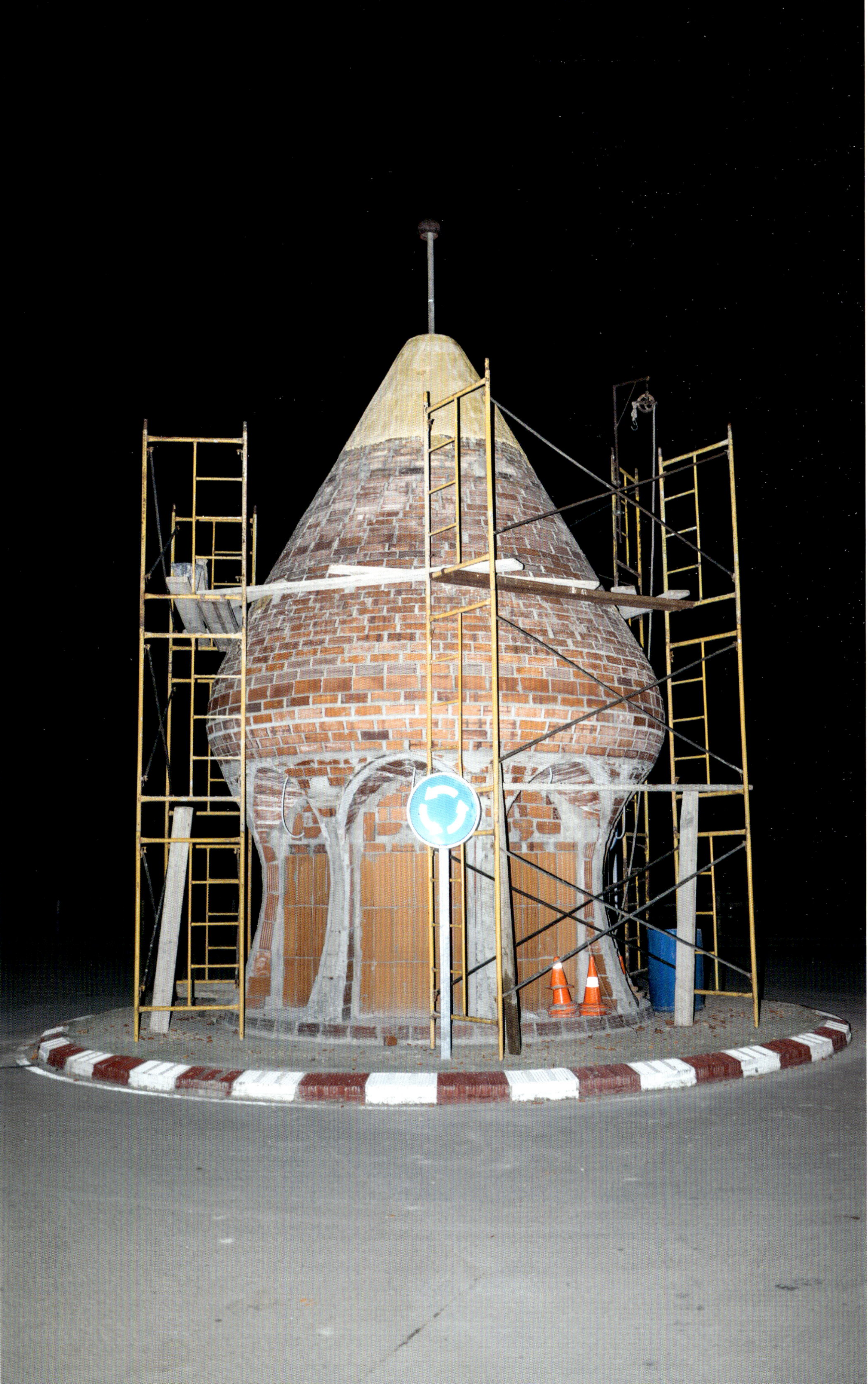

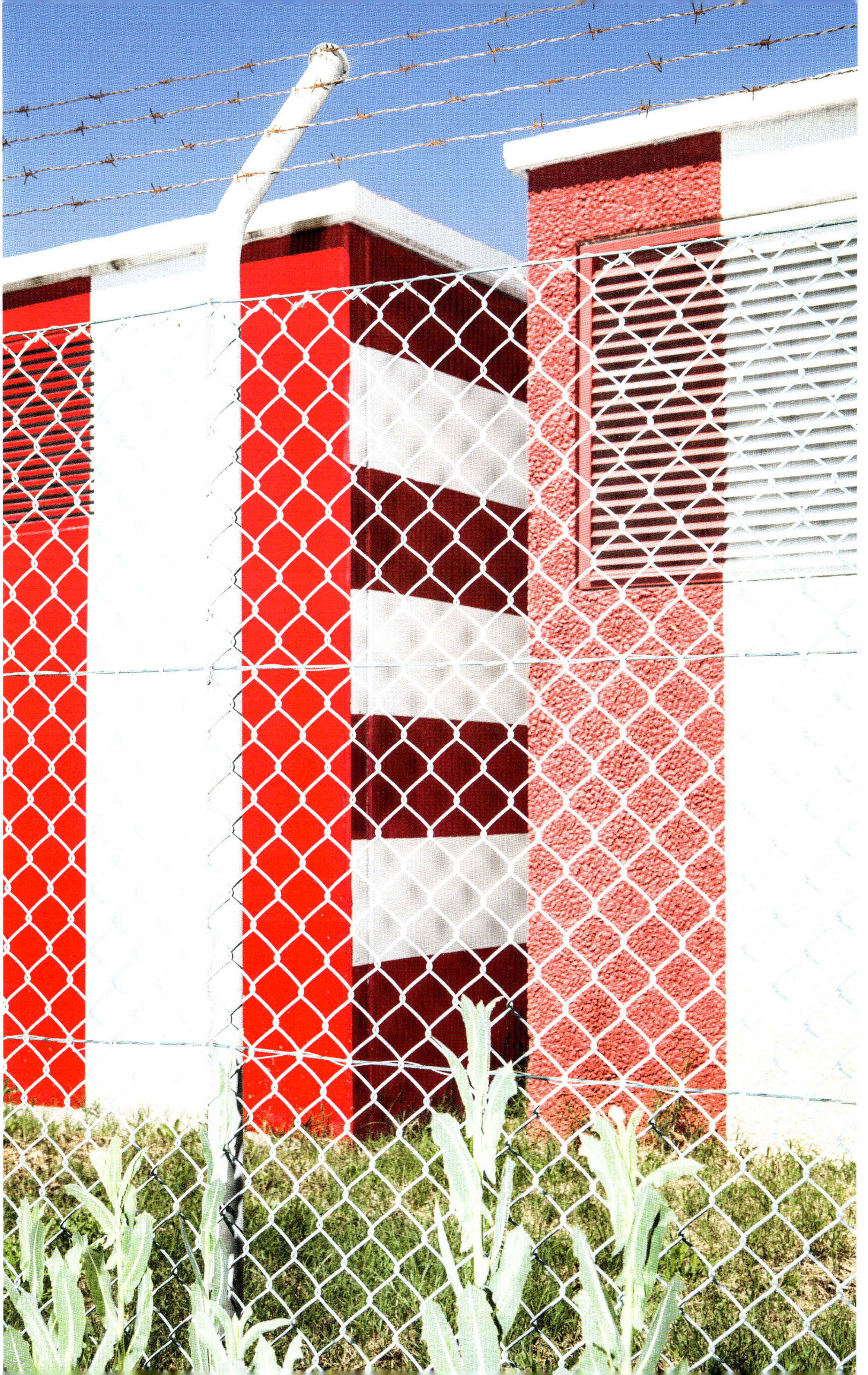

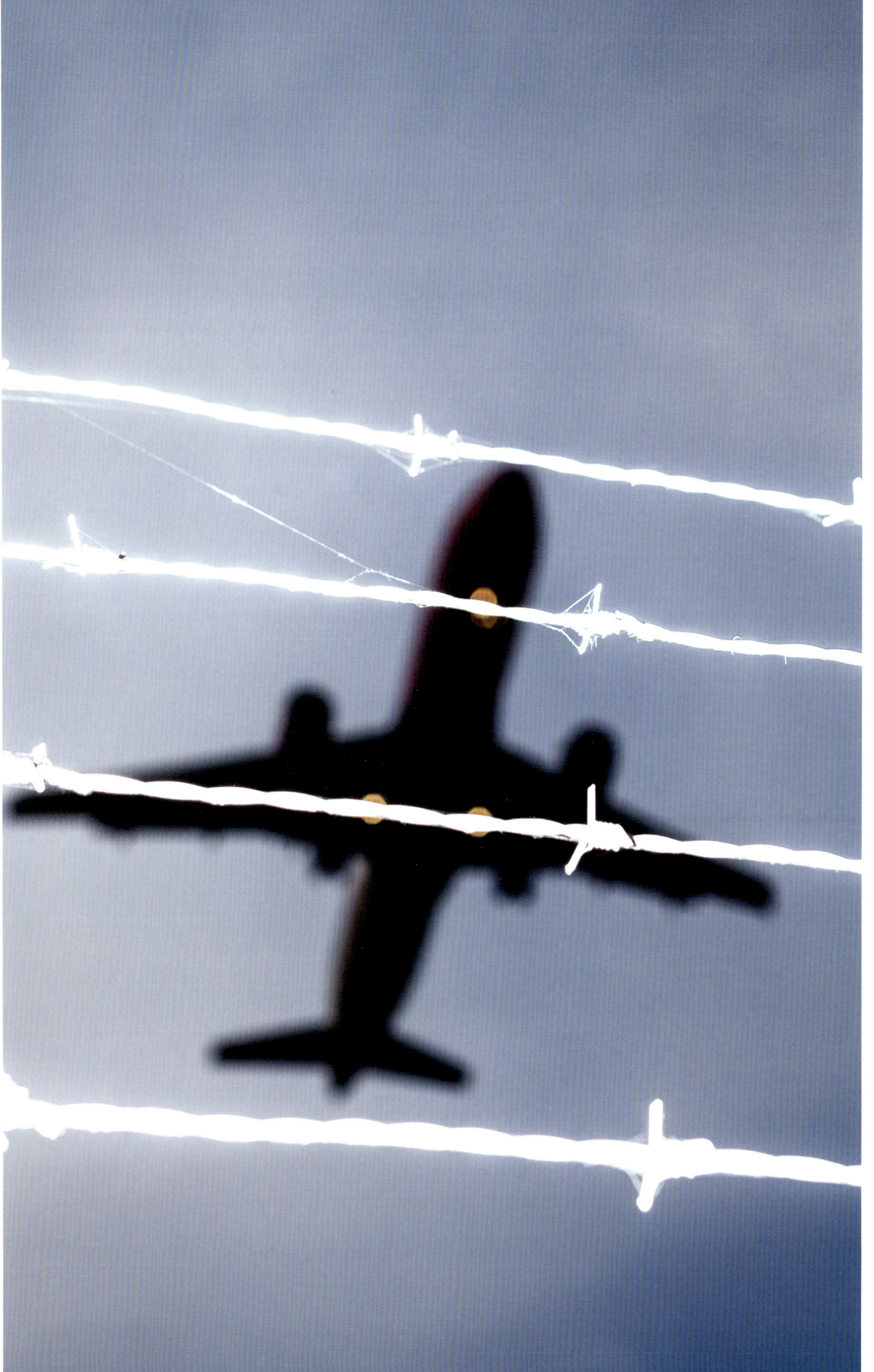

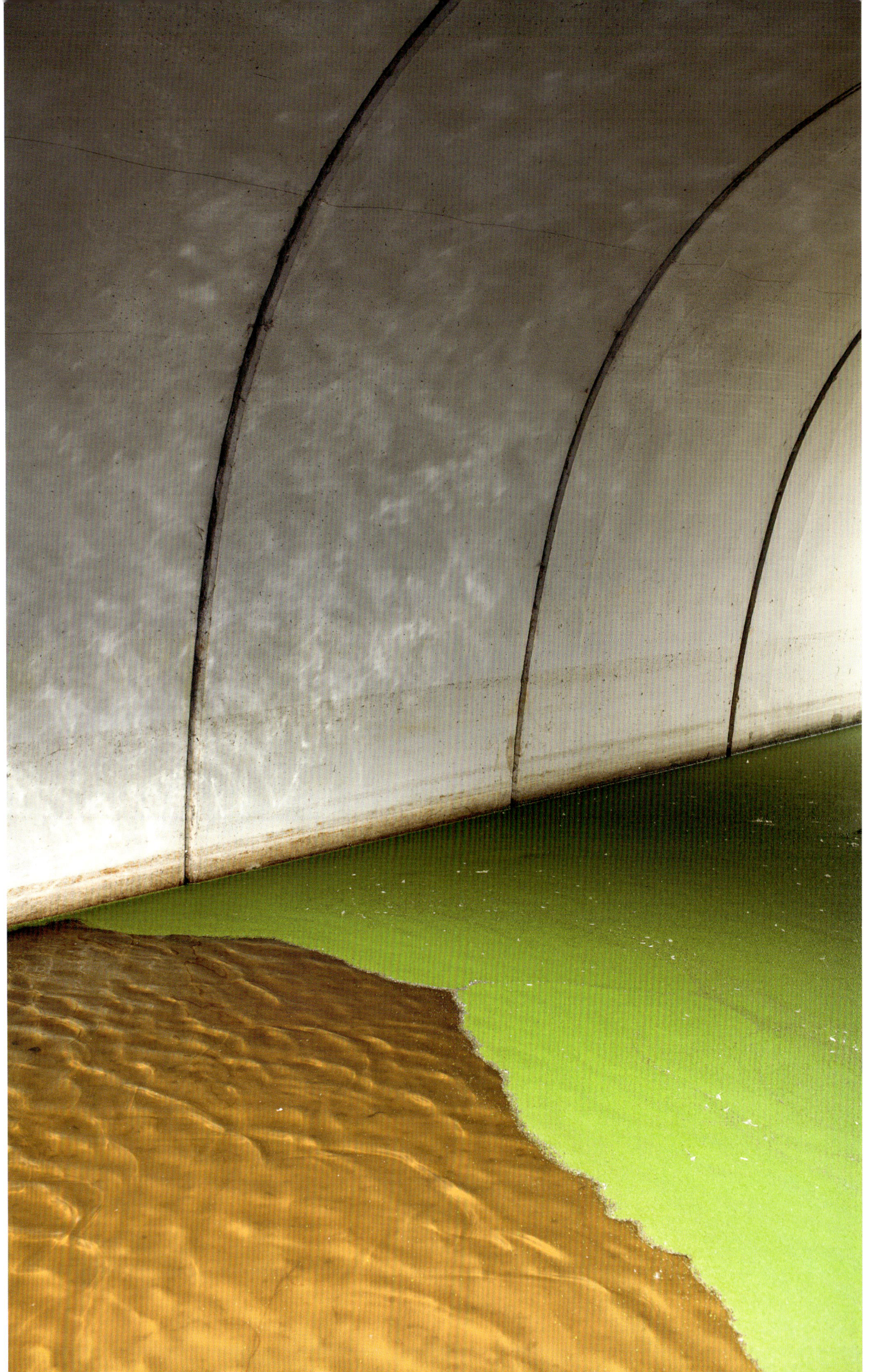

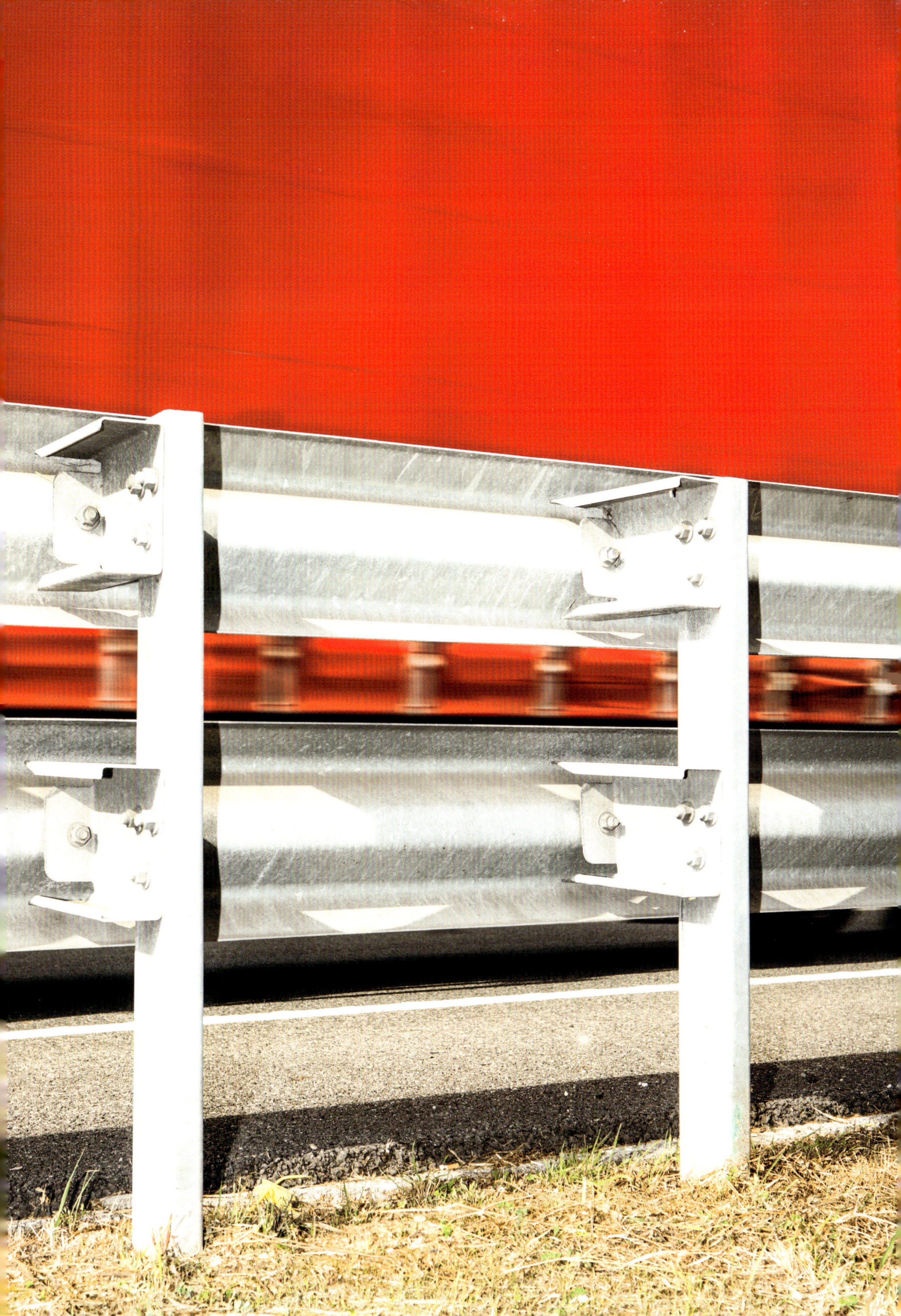

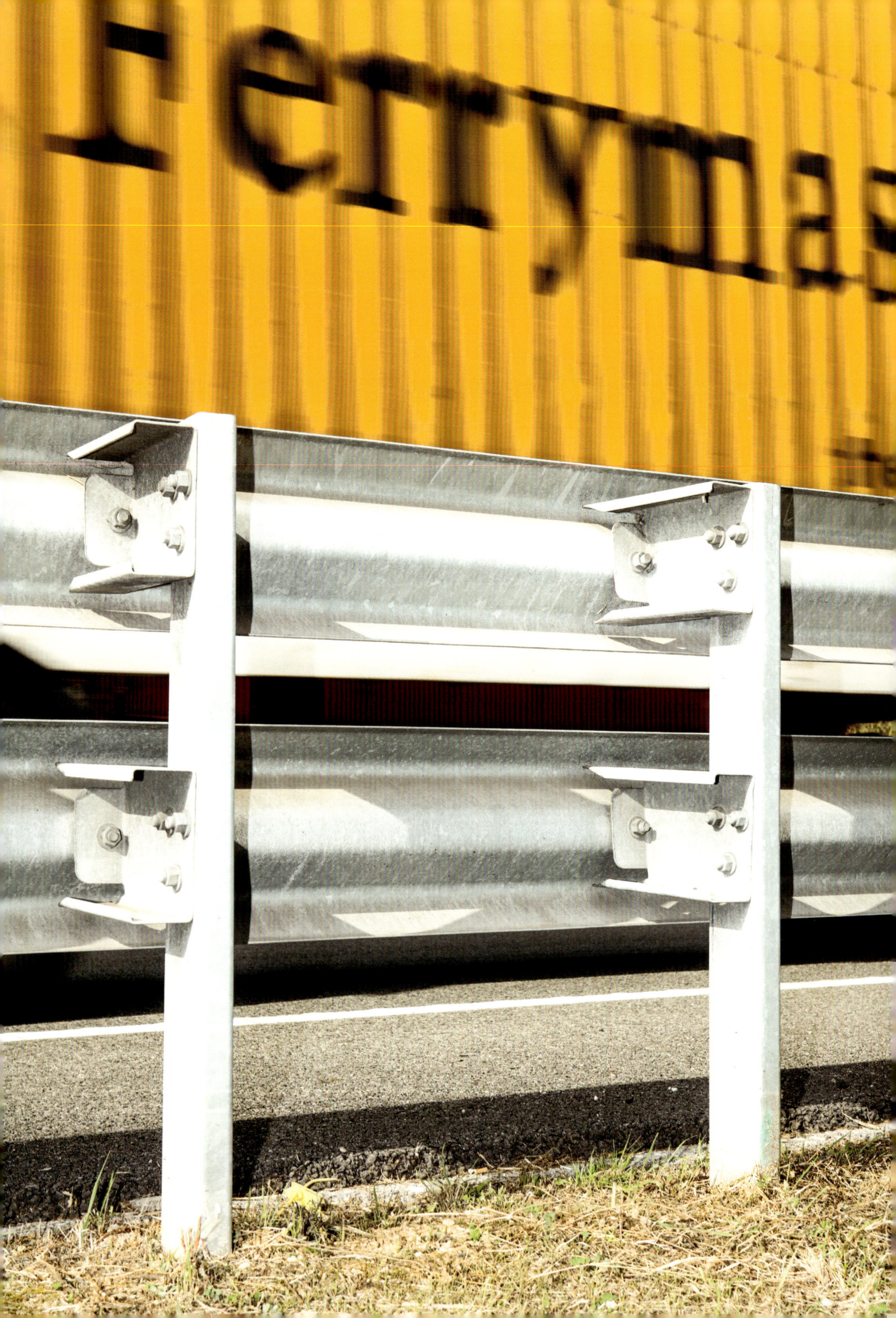

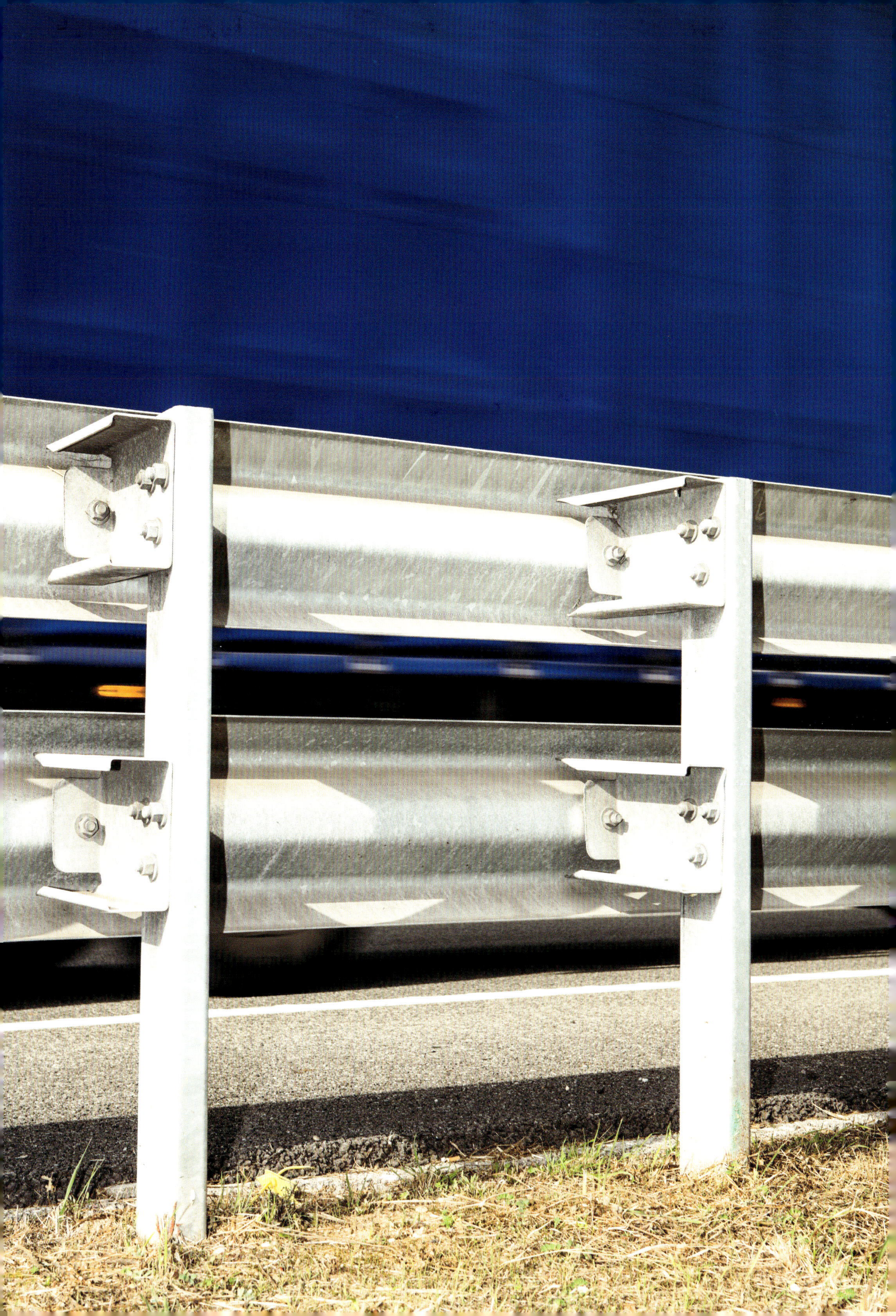

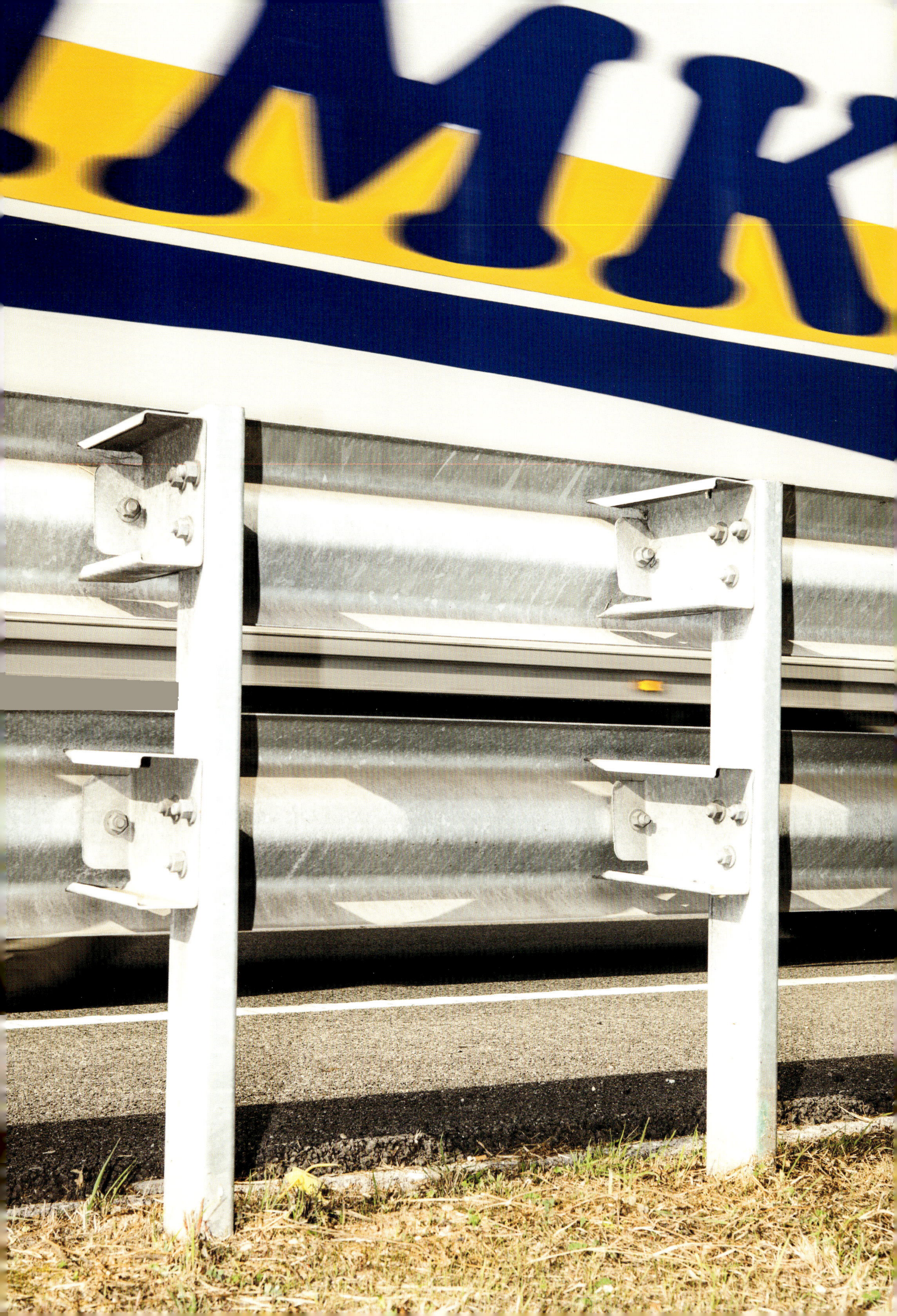

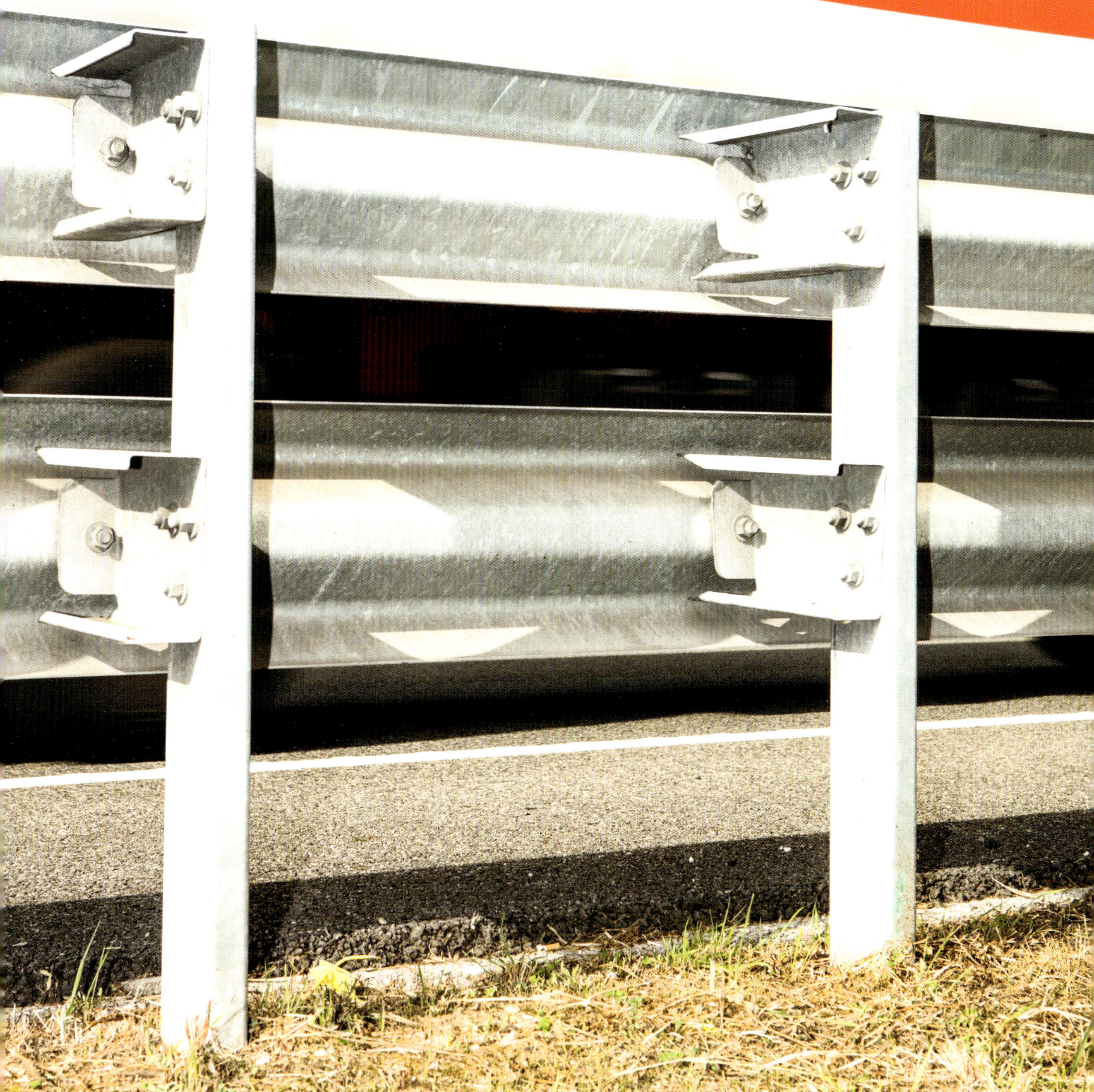

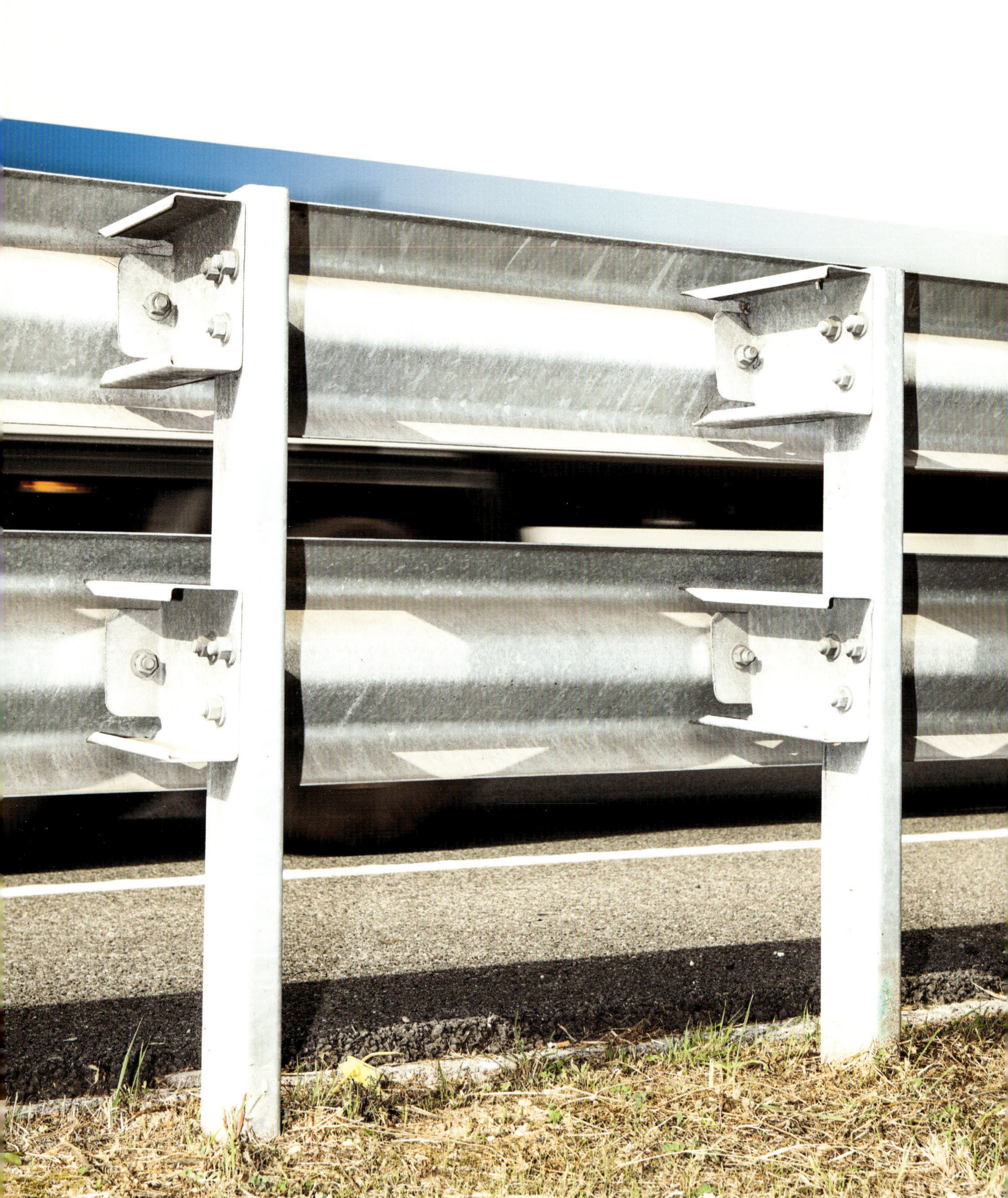

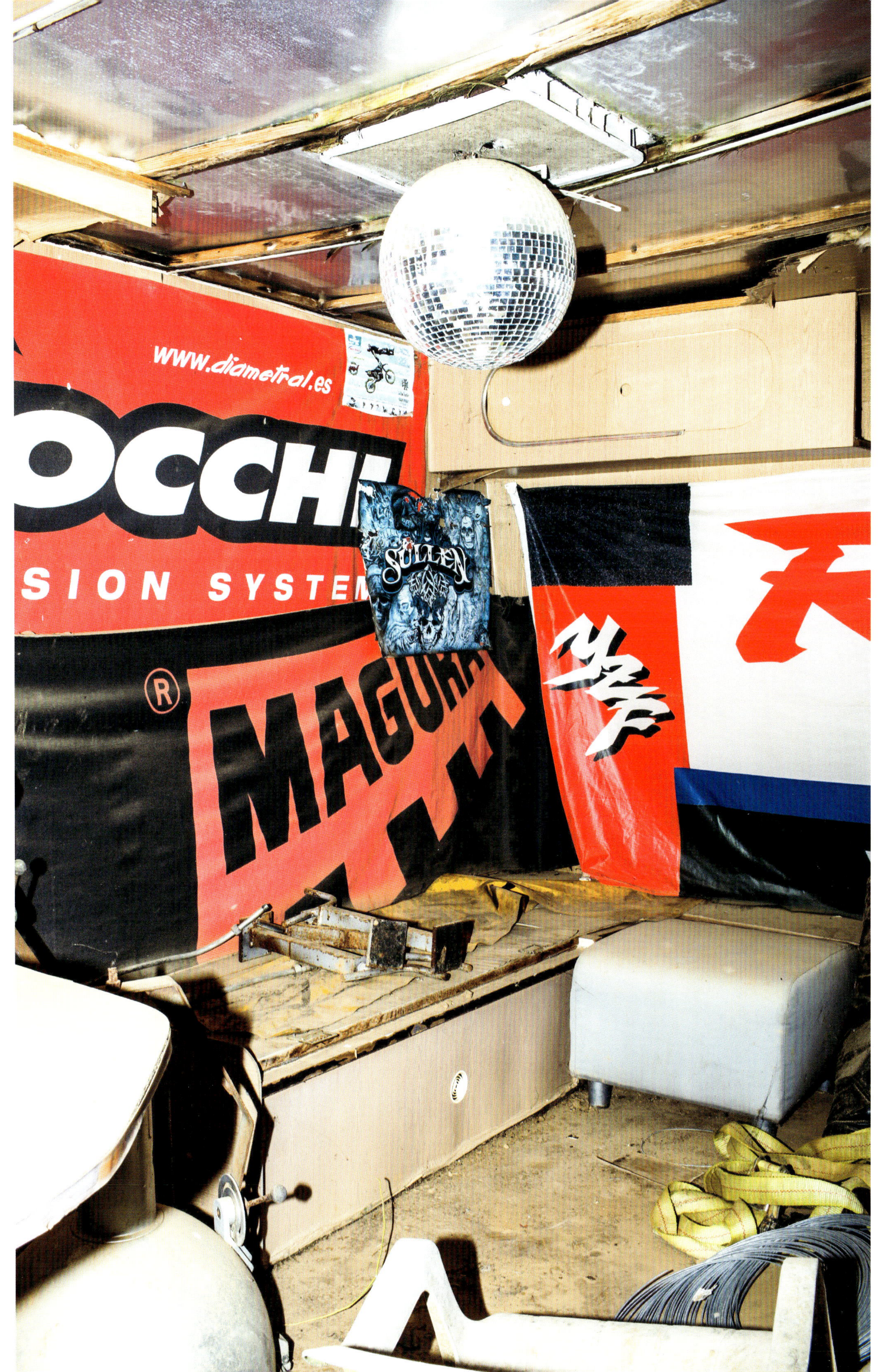
www.diametral.es
OCCHI
SION SYSTEM
SULLEN
MAGUR
YZF

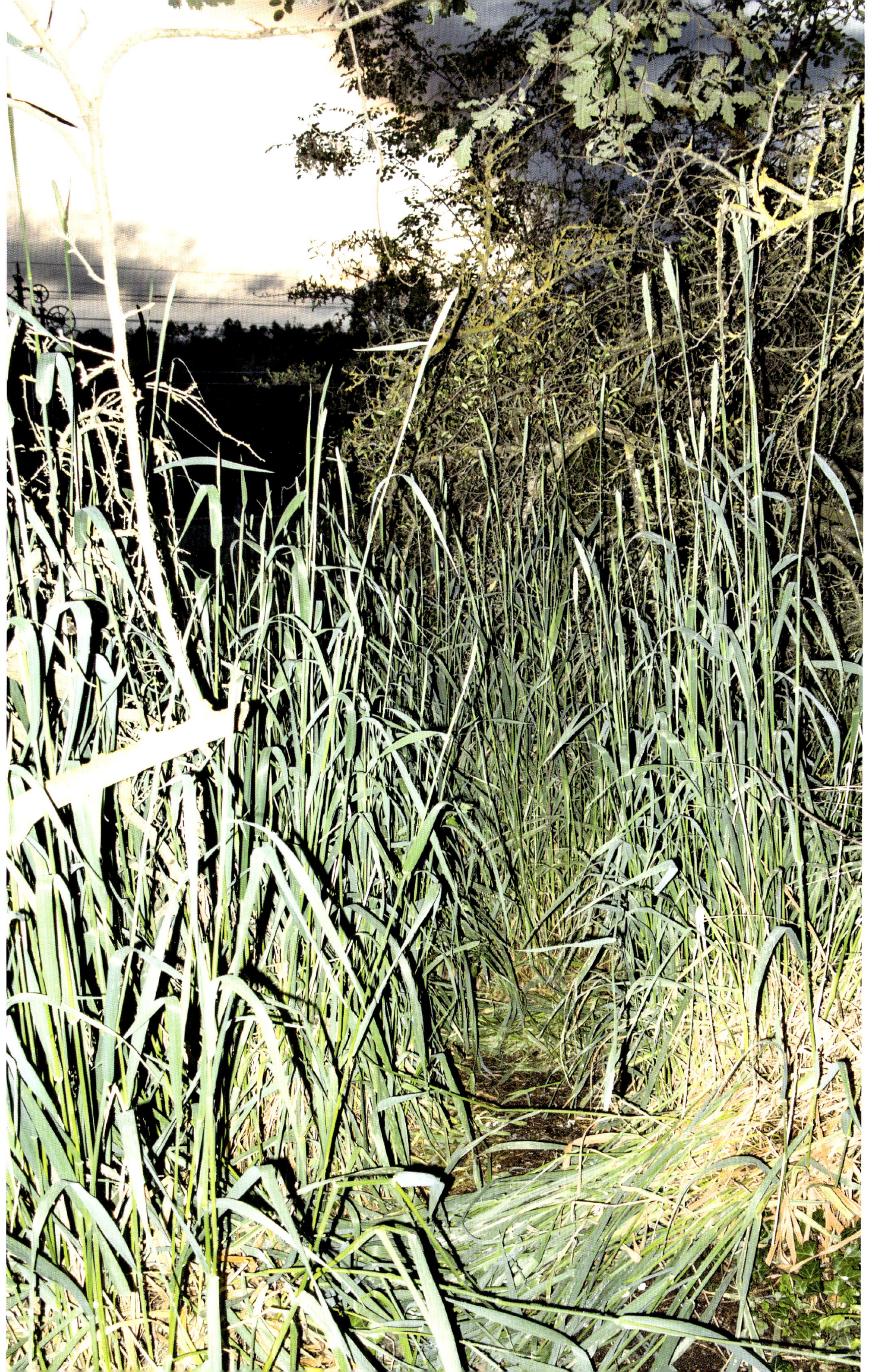

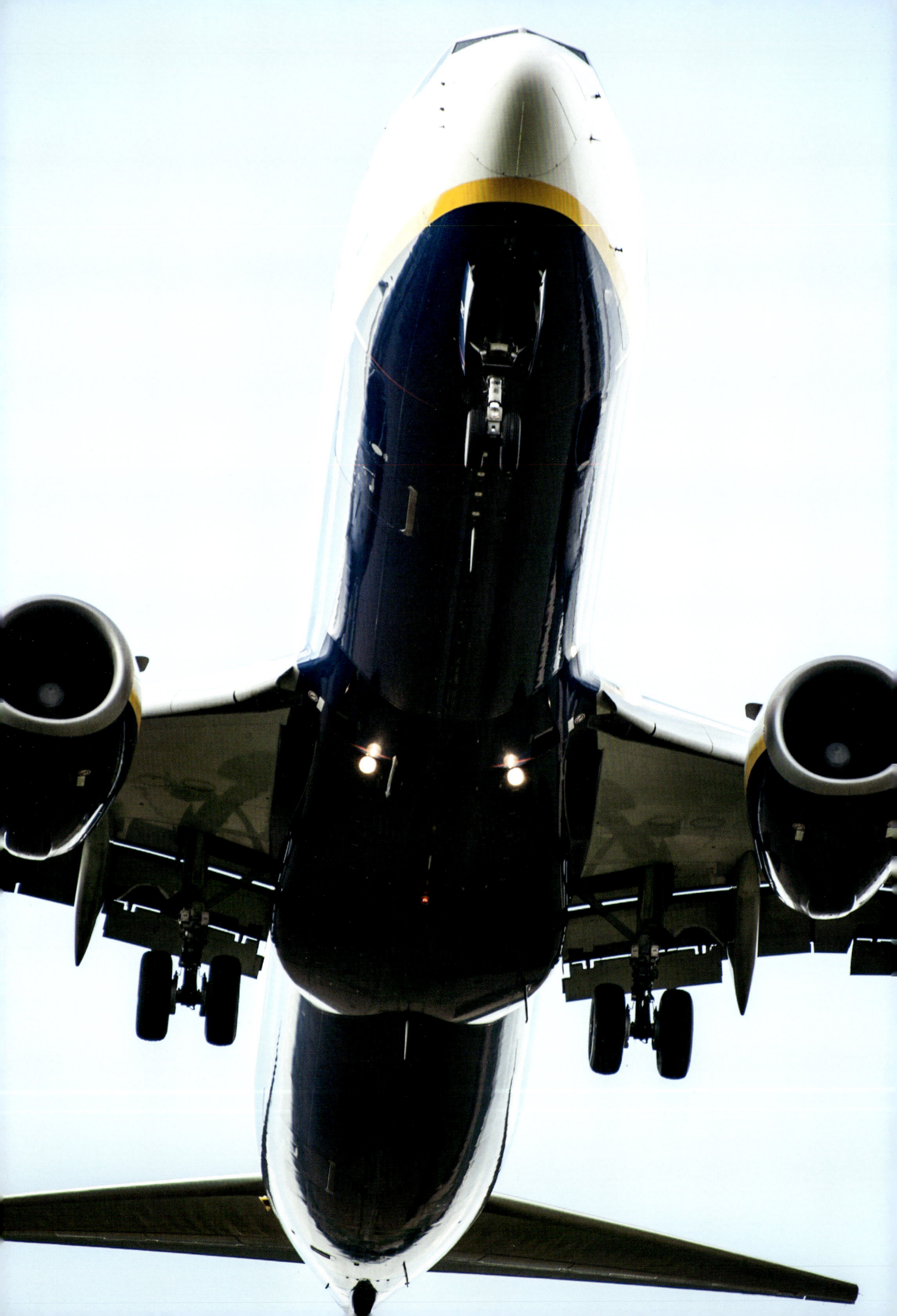

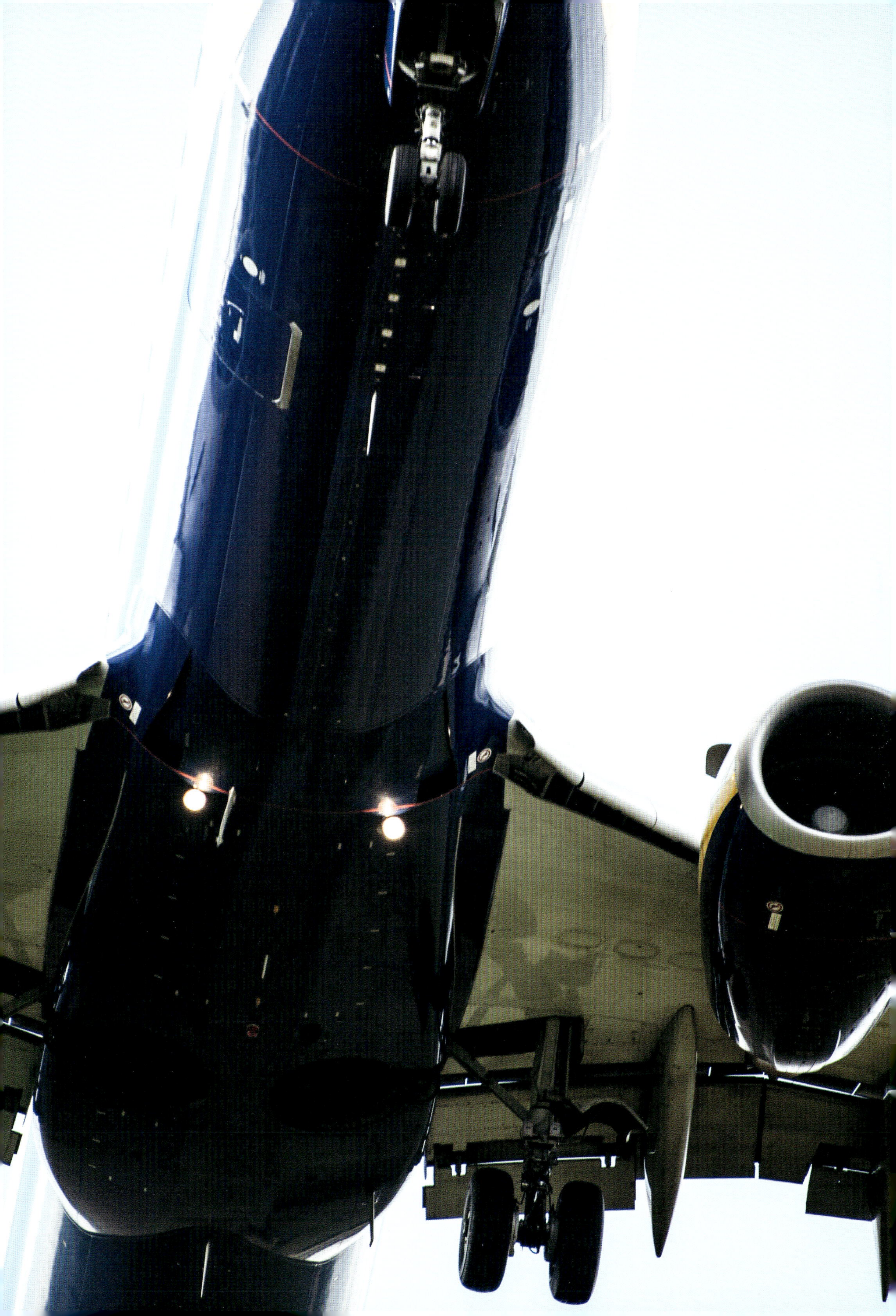

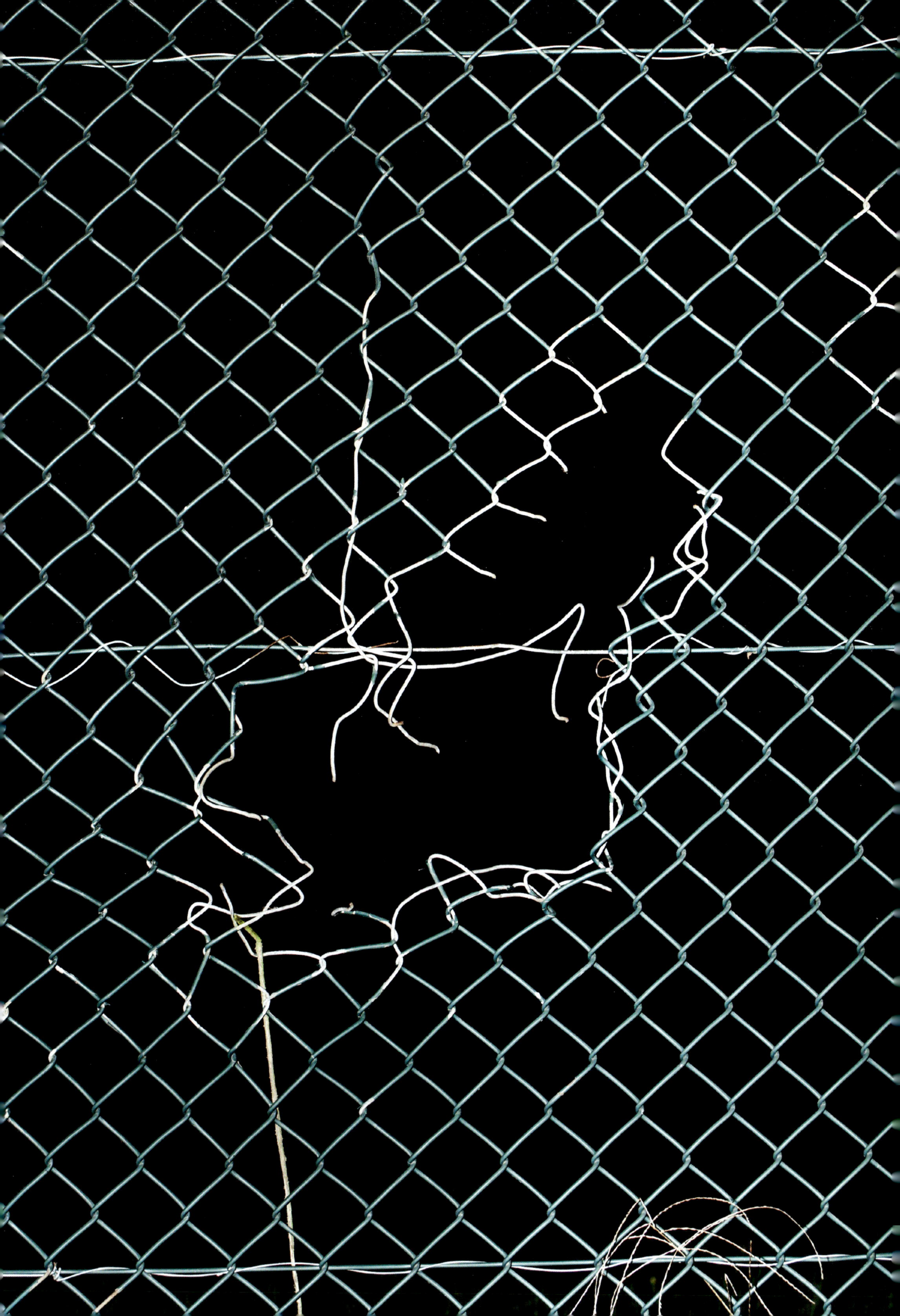

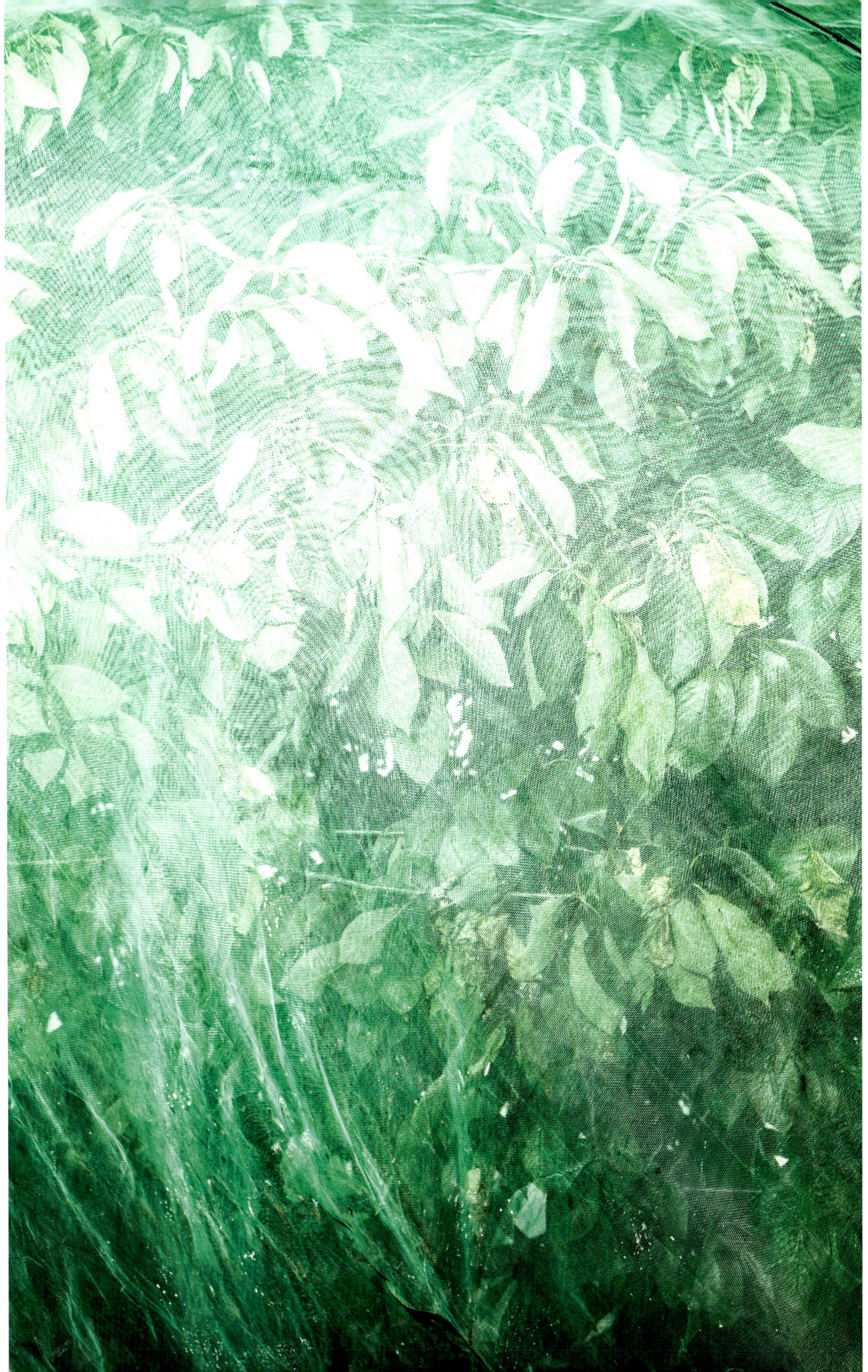

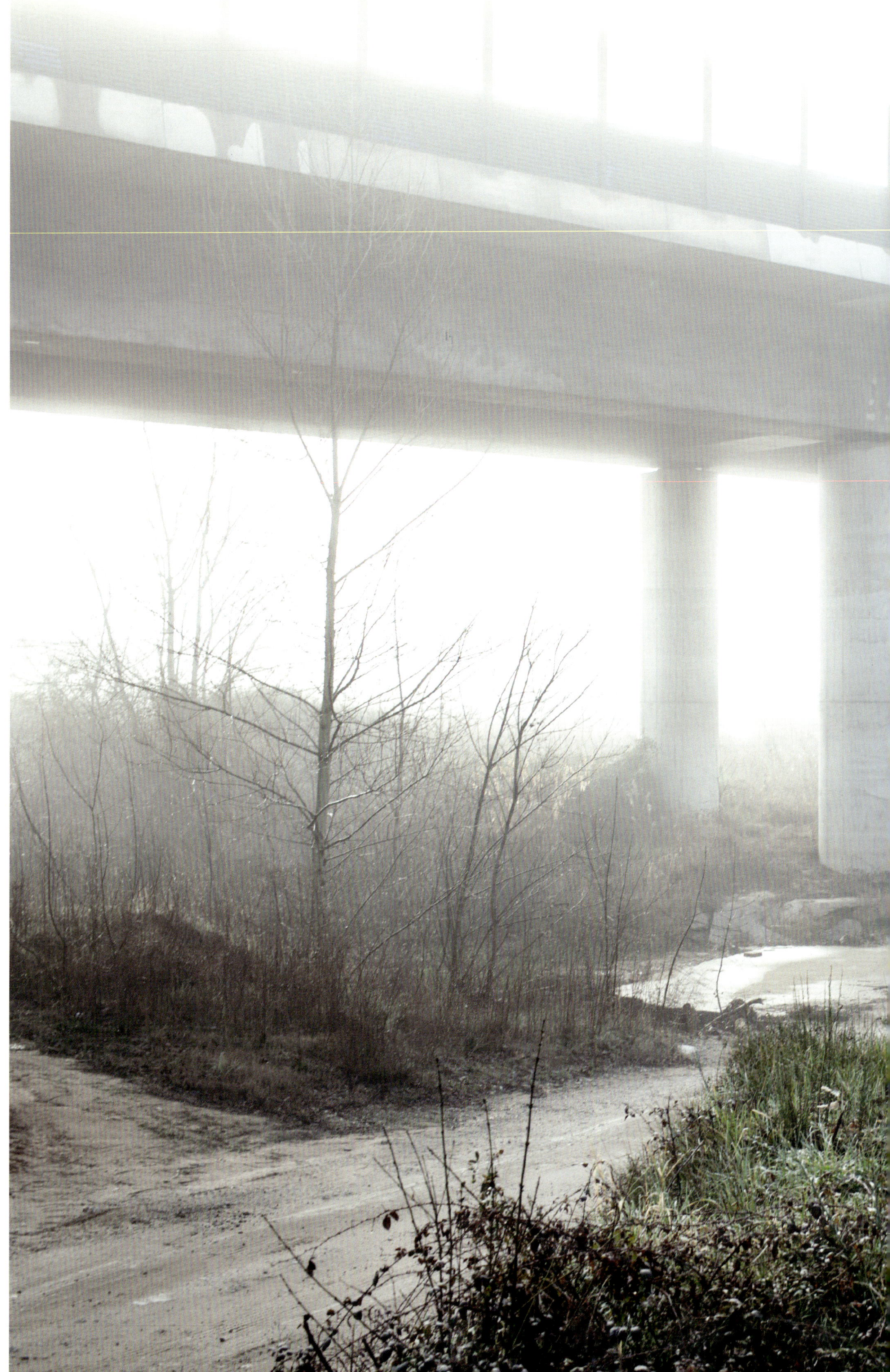

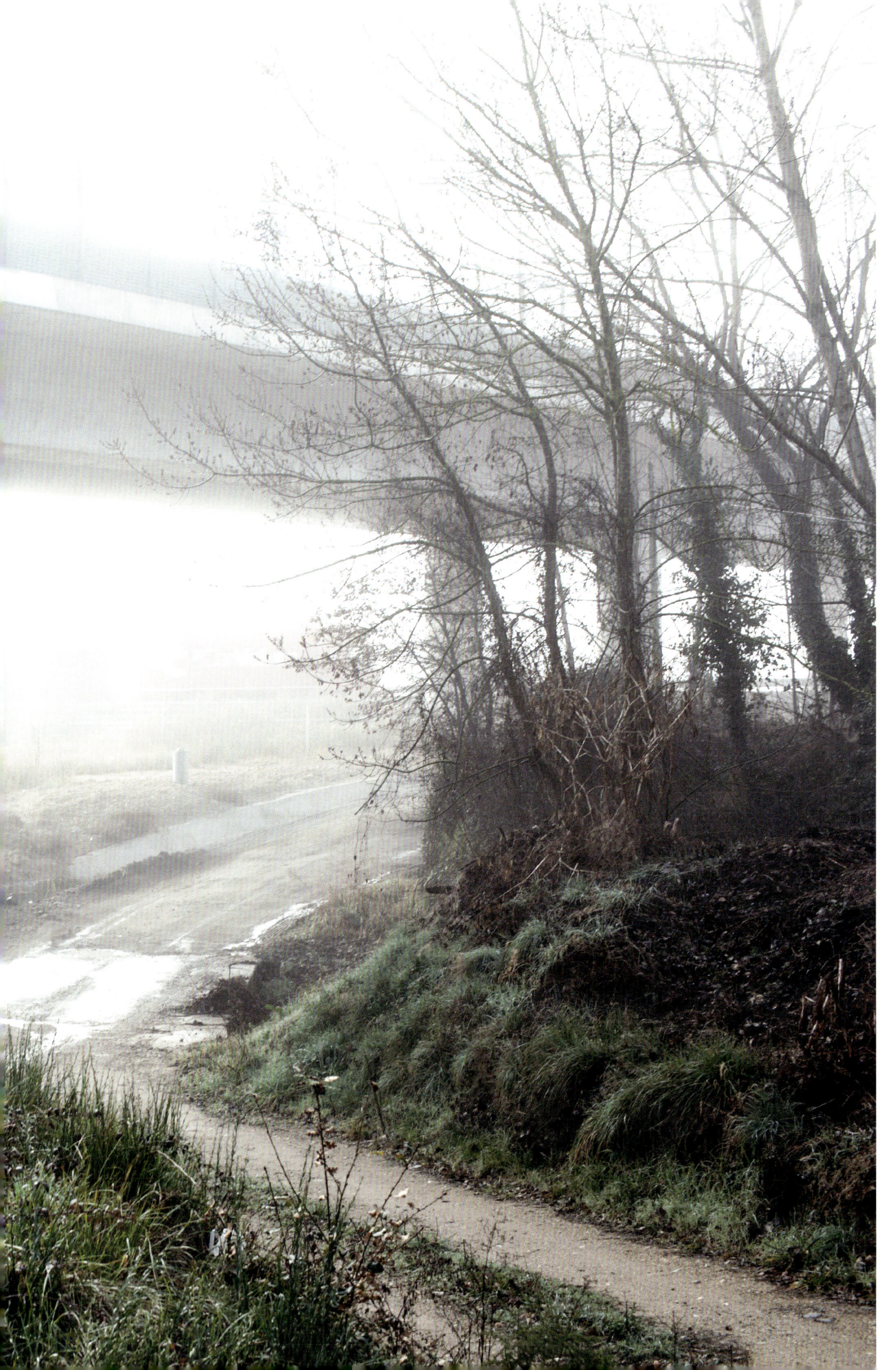

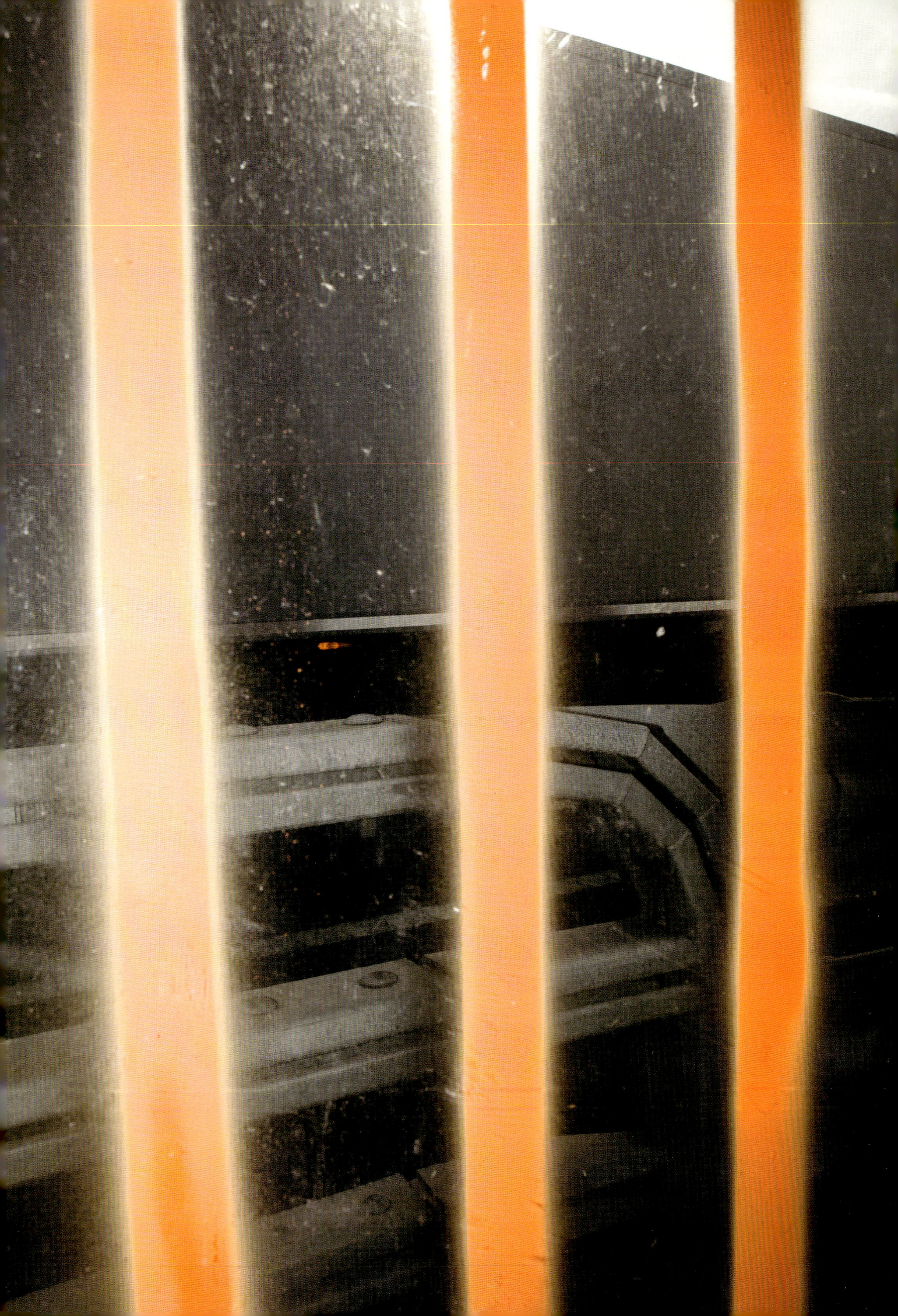

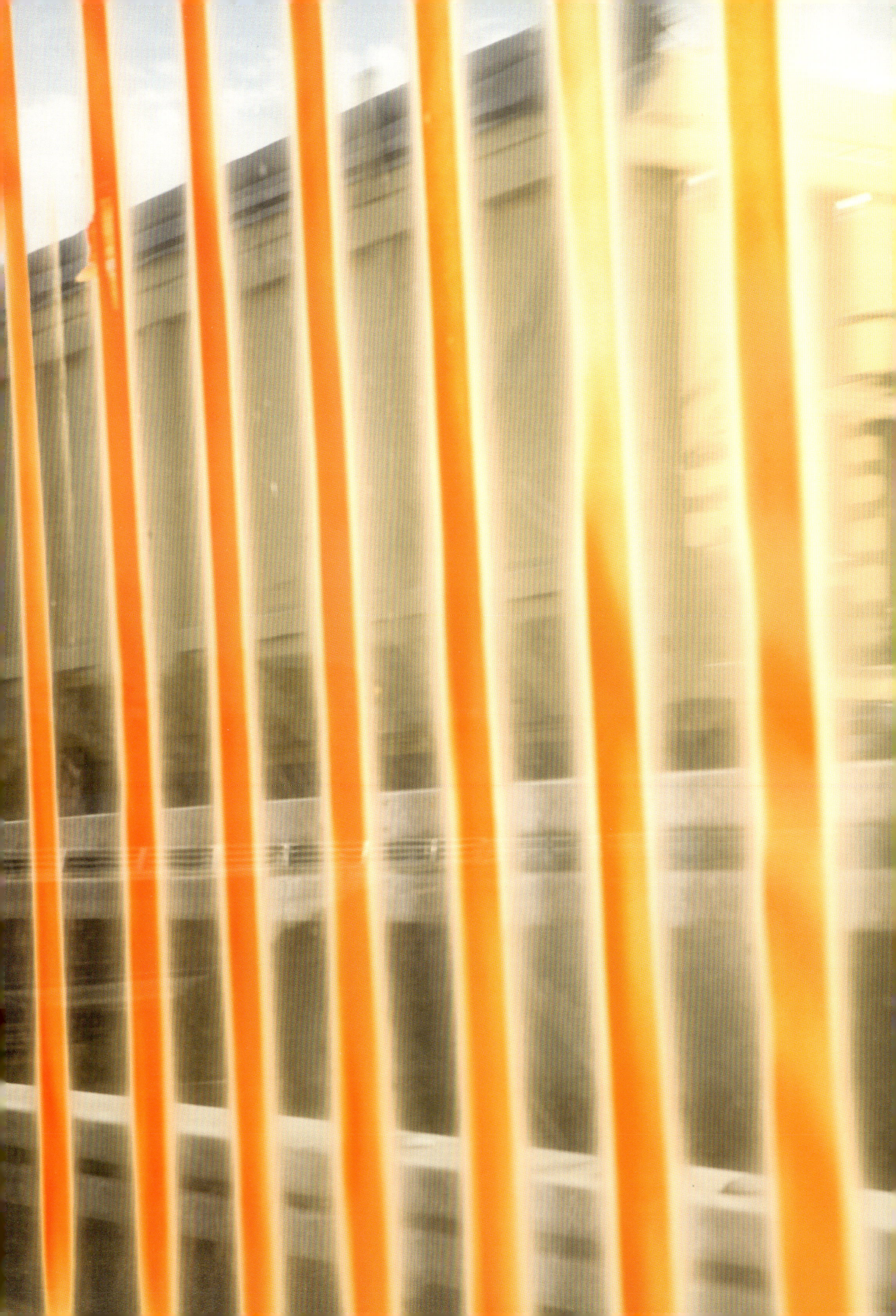

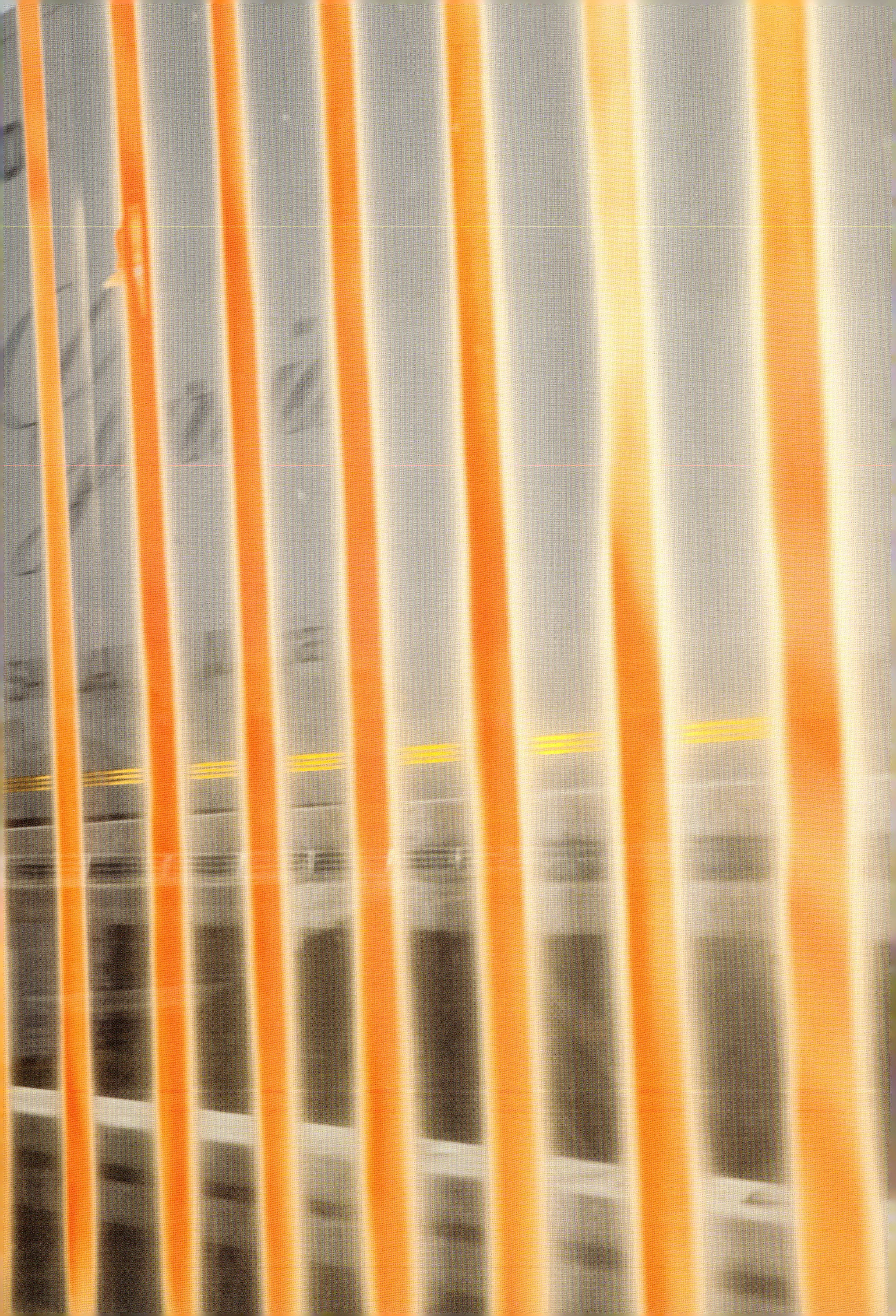

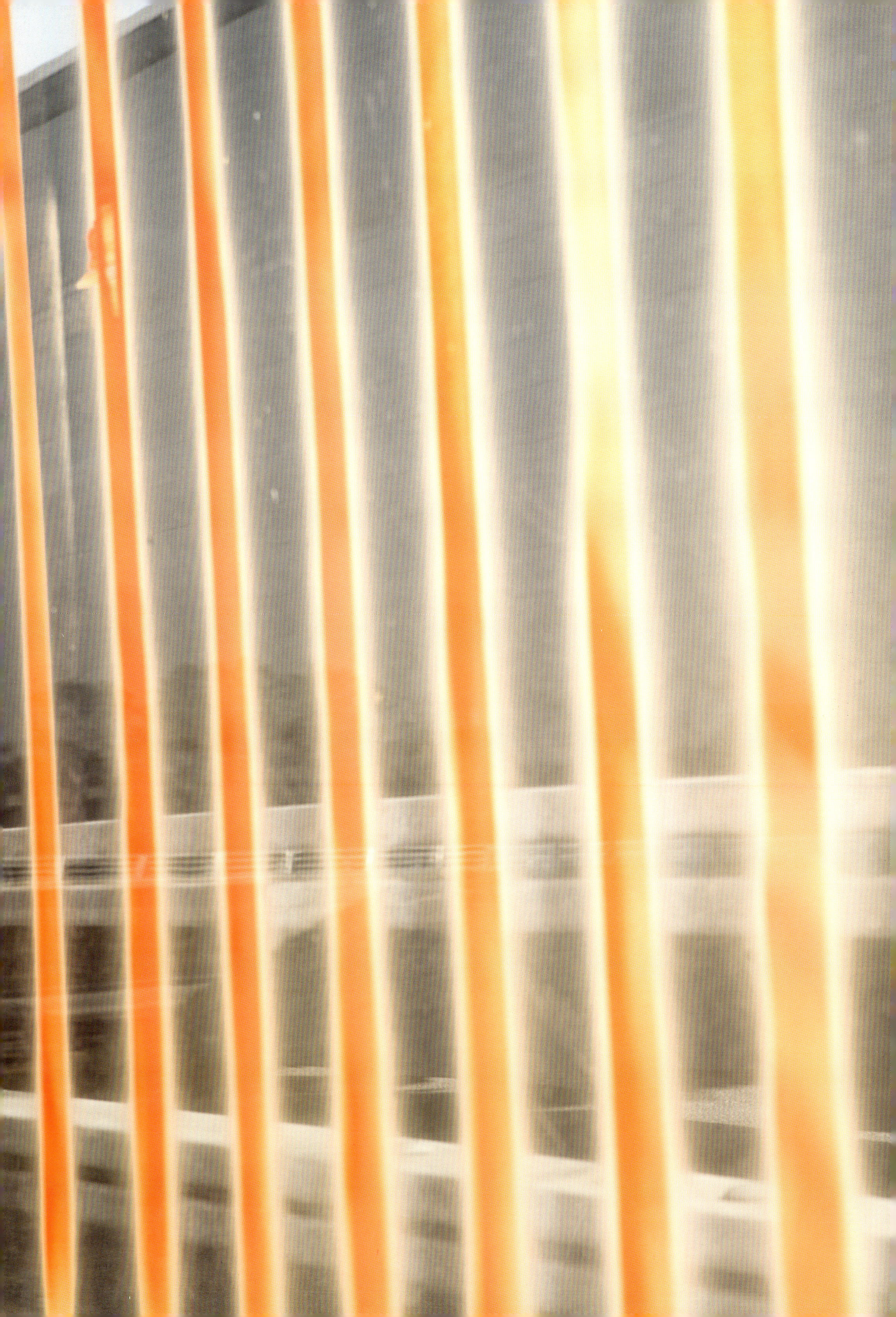

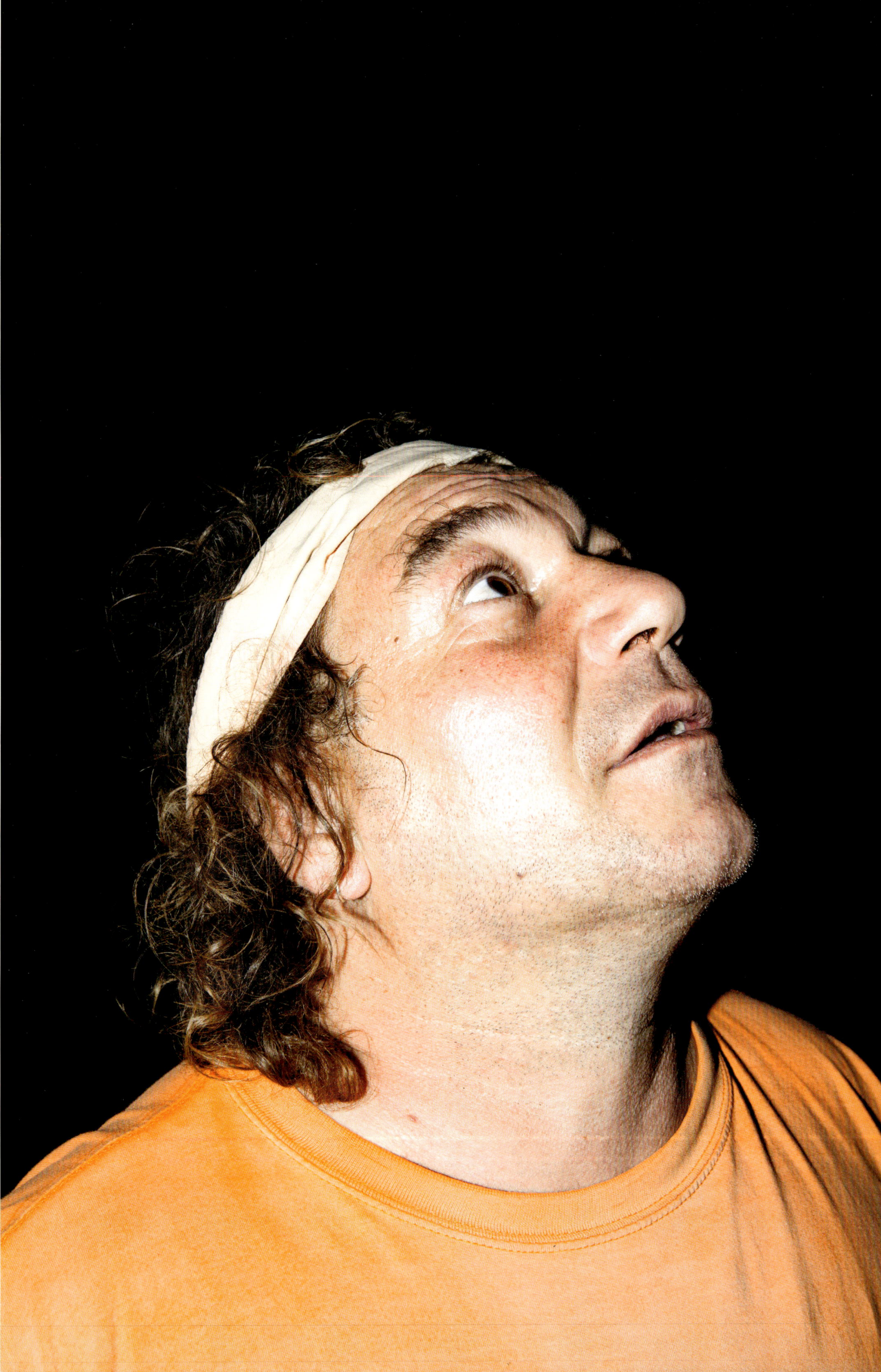

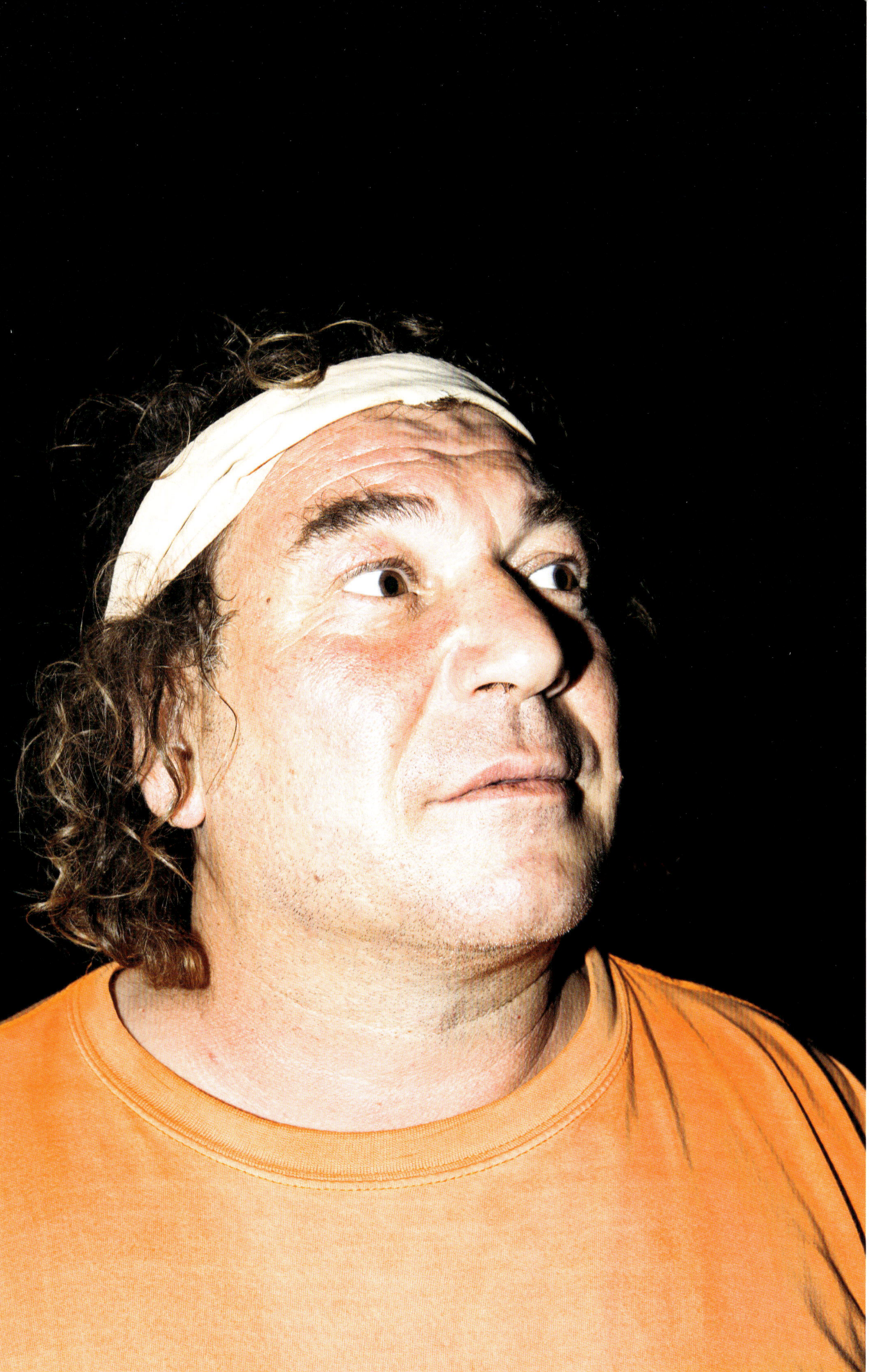

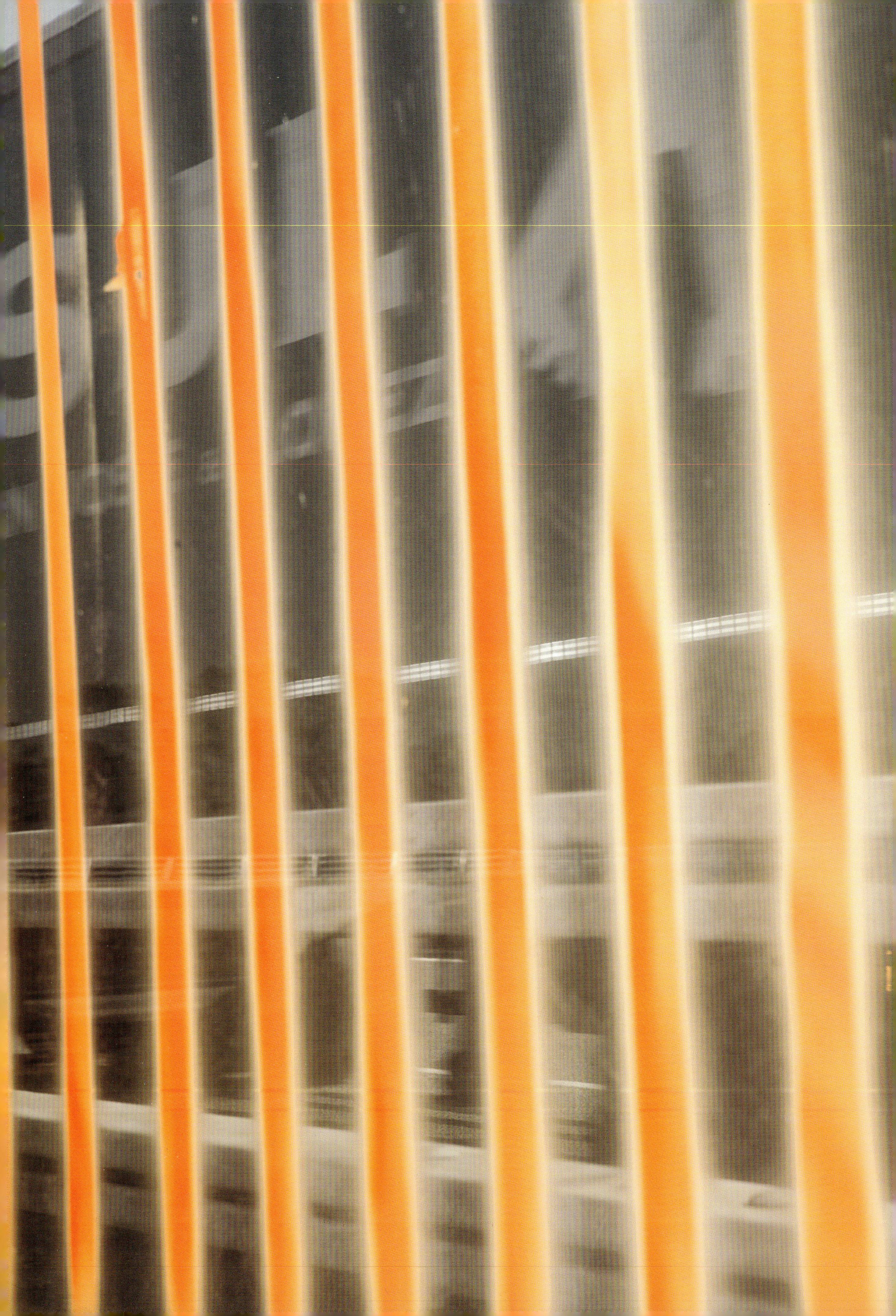

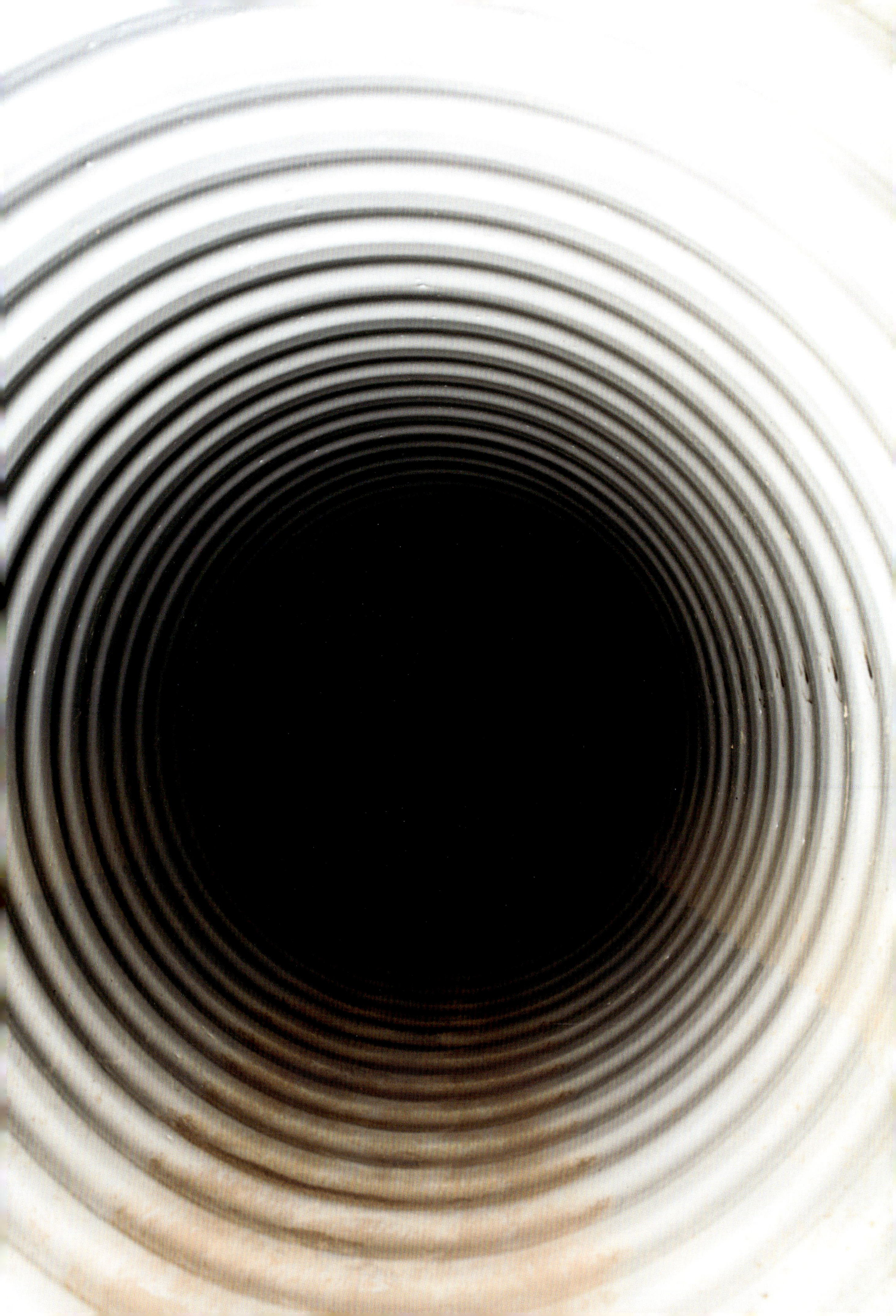

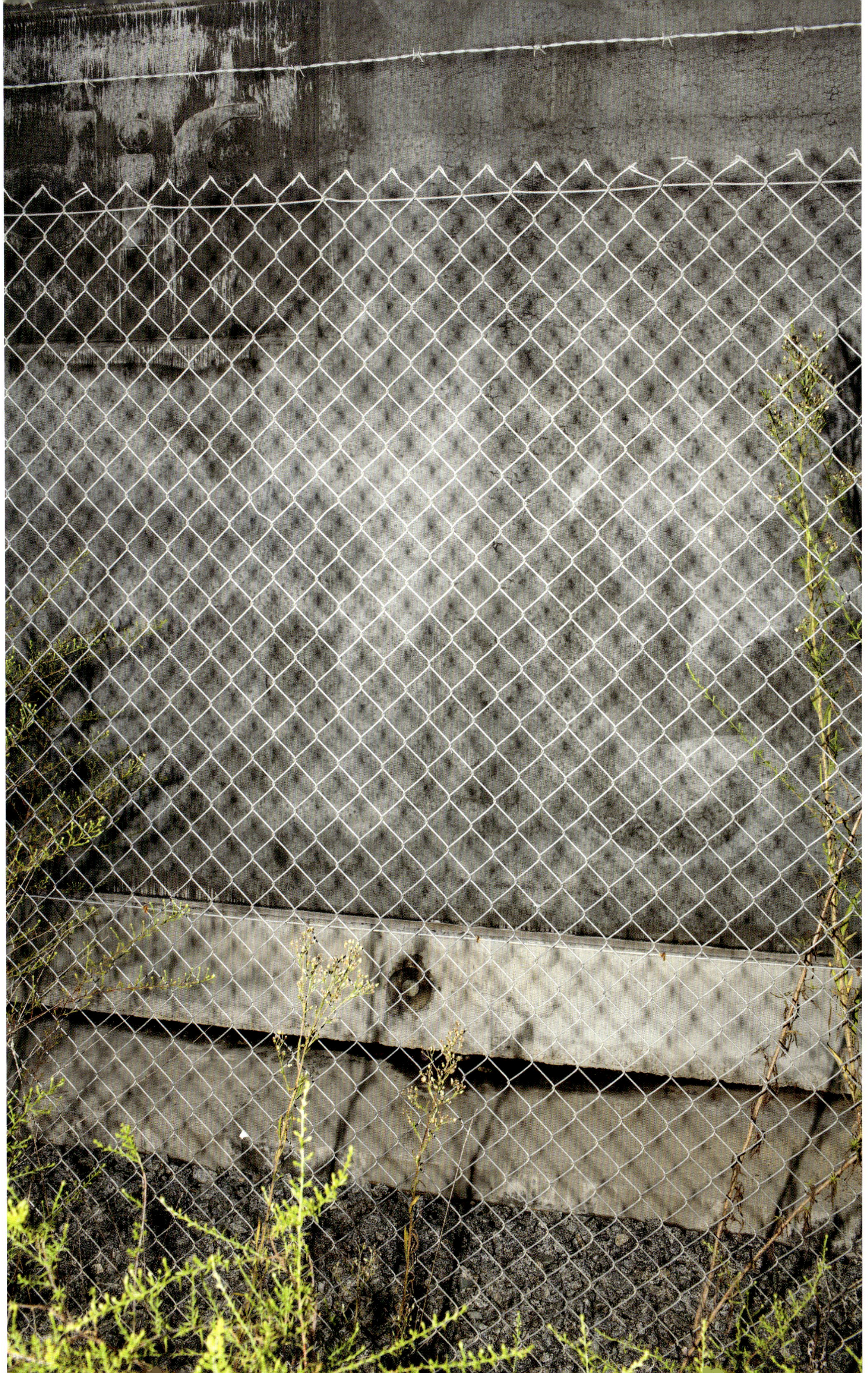

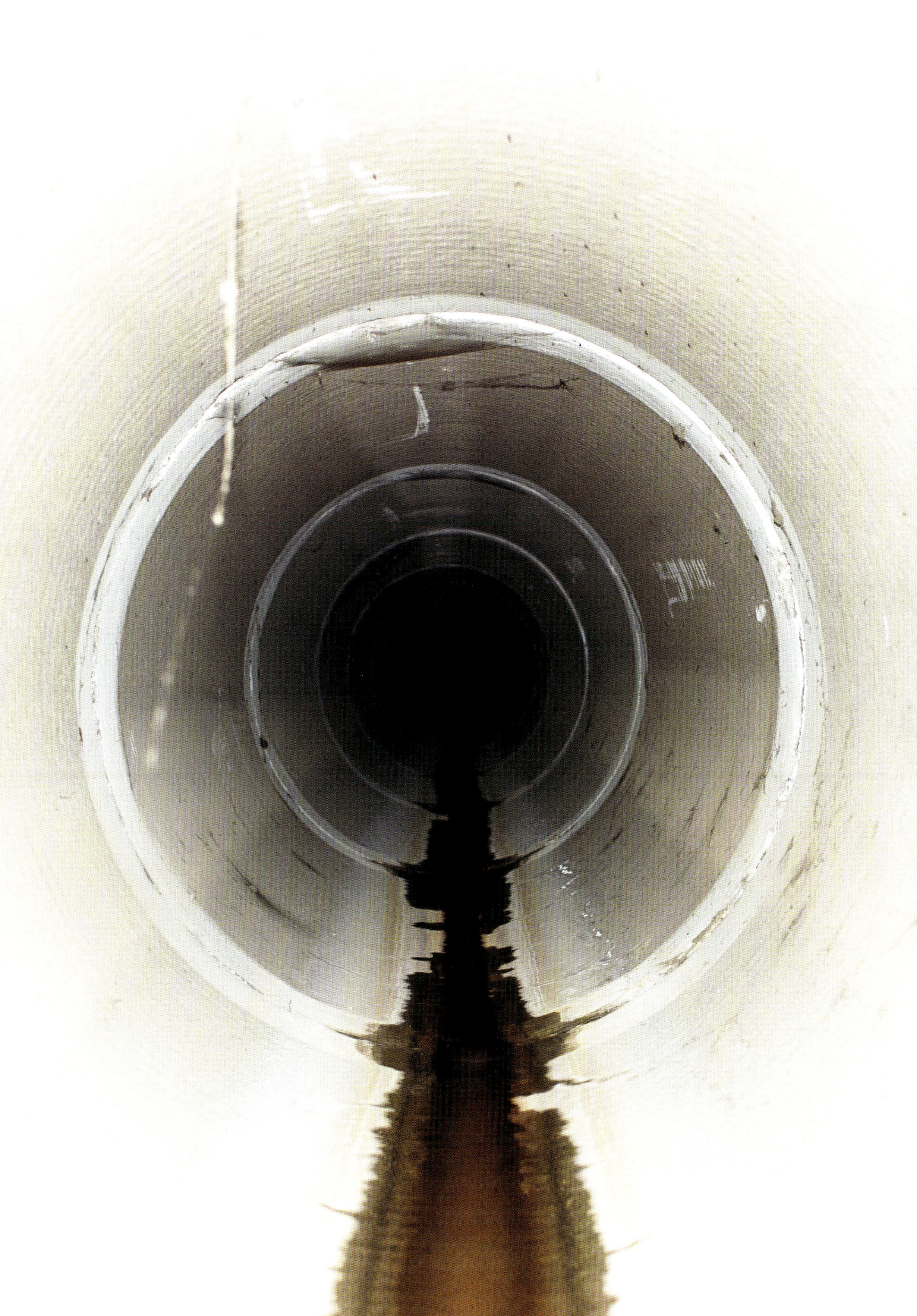

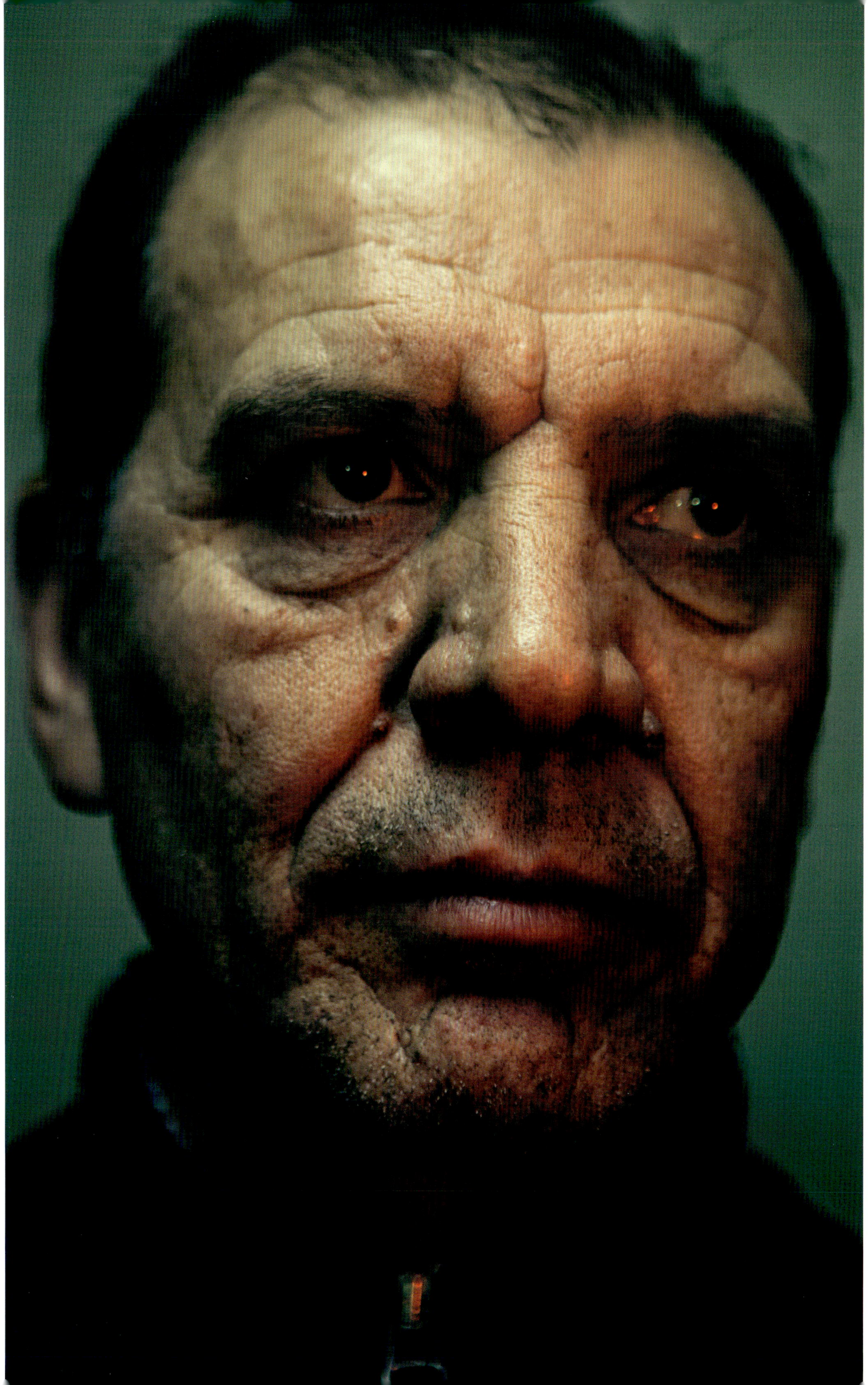

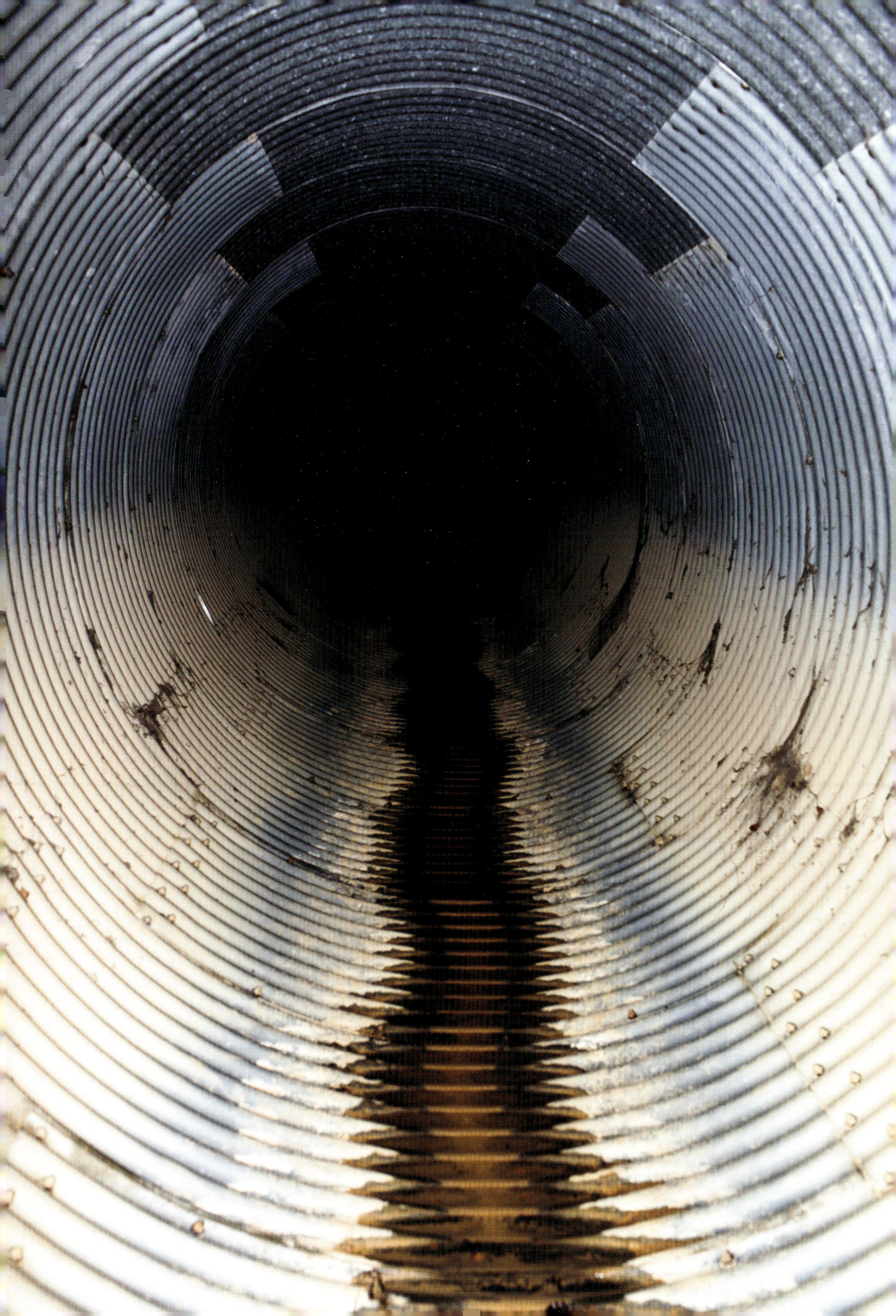

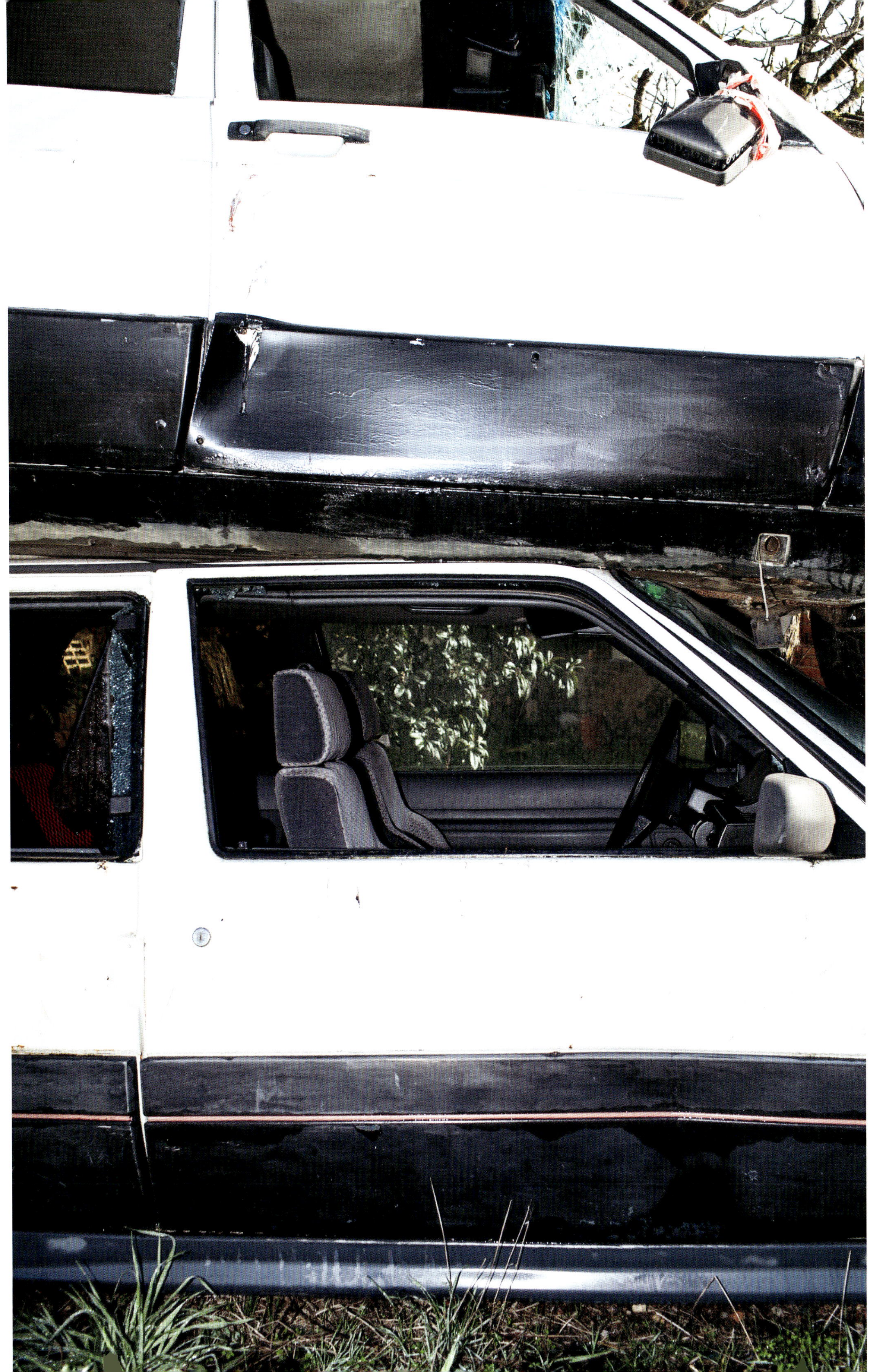

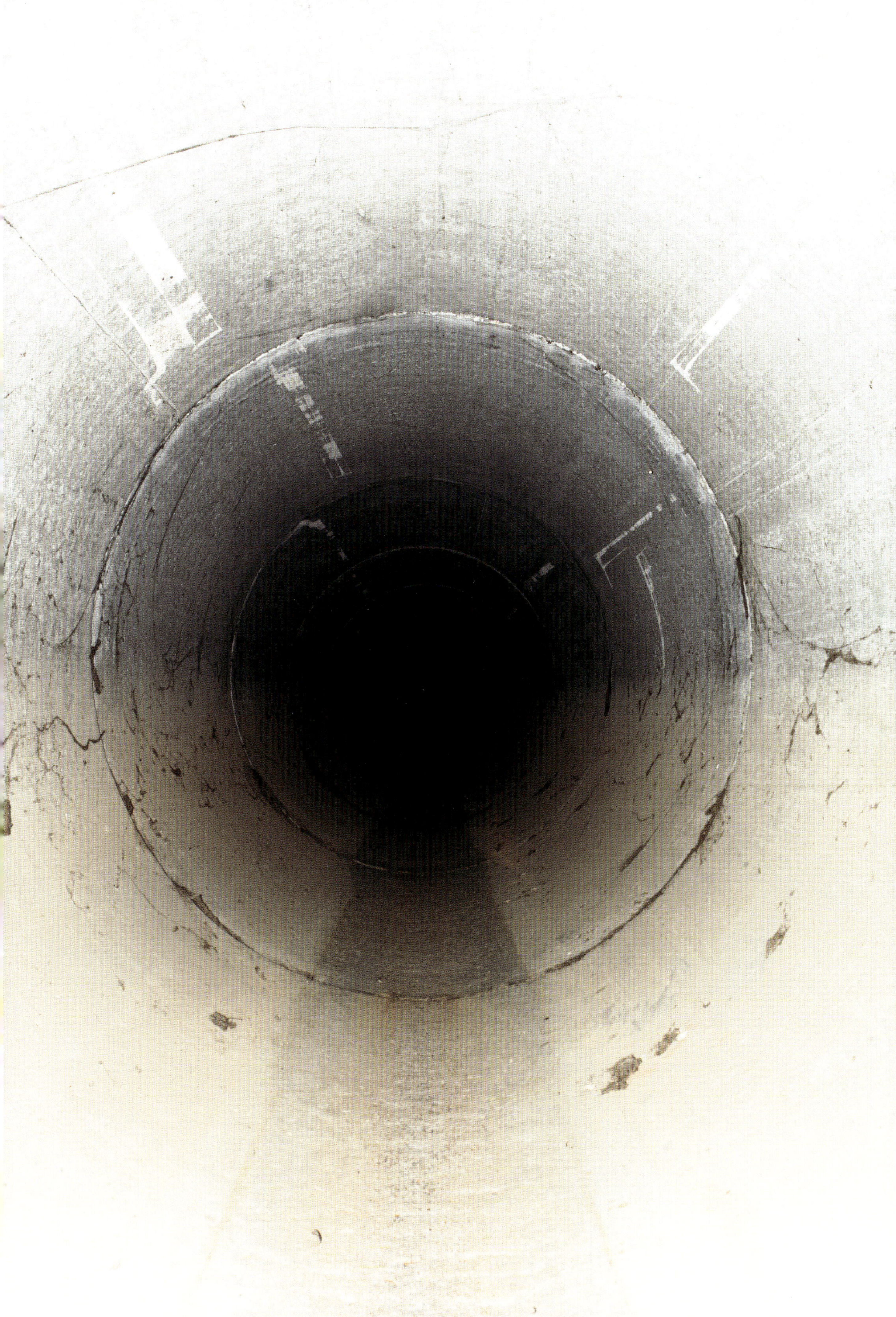

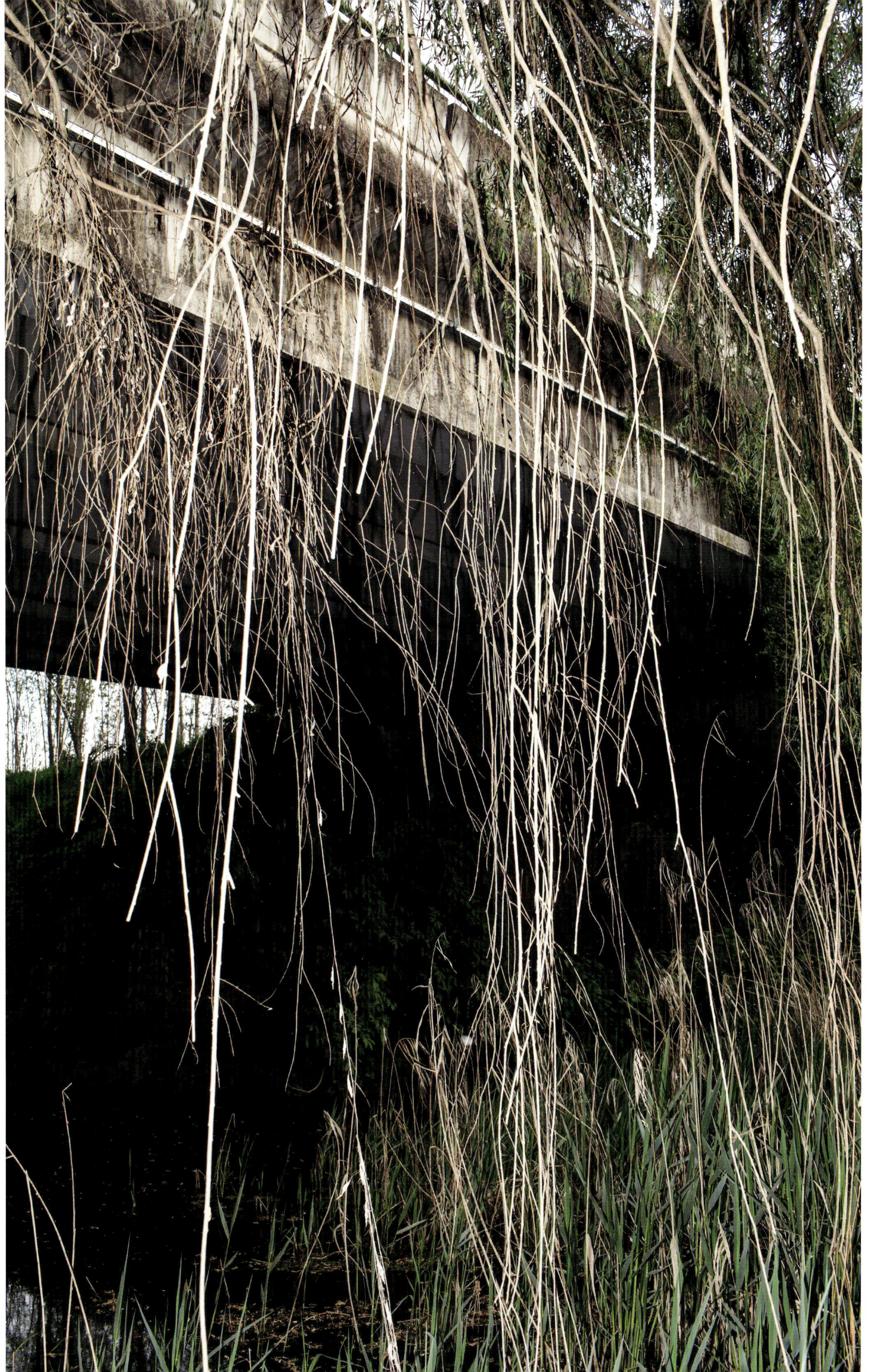

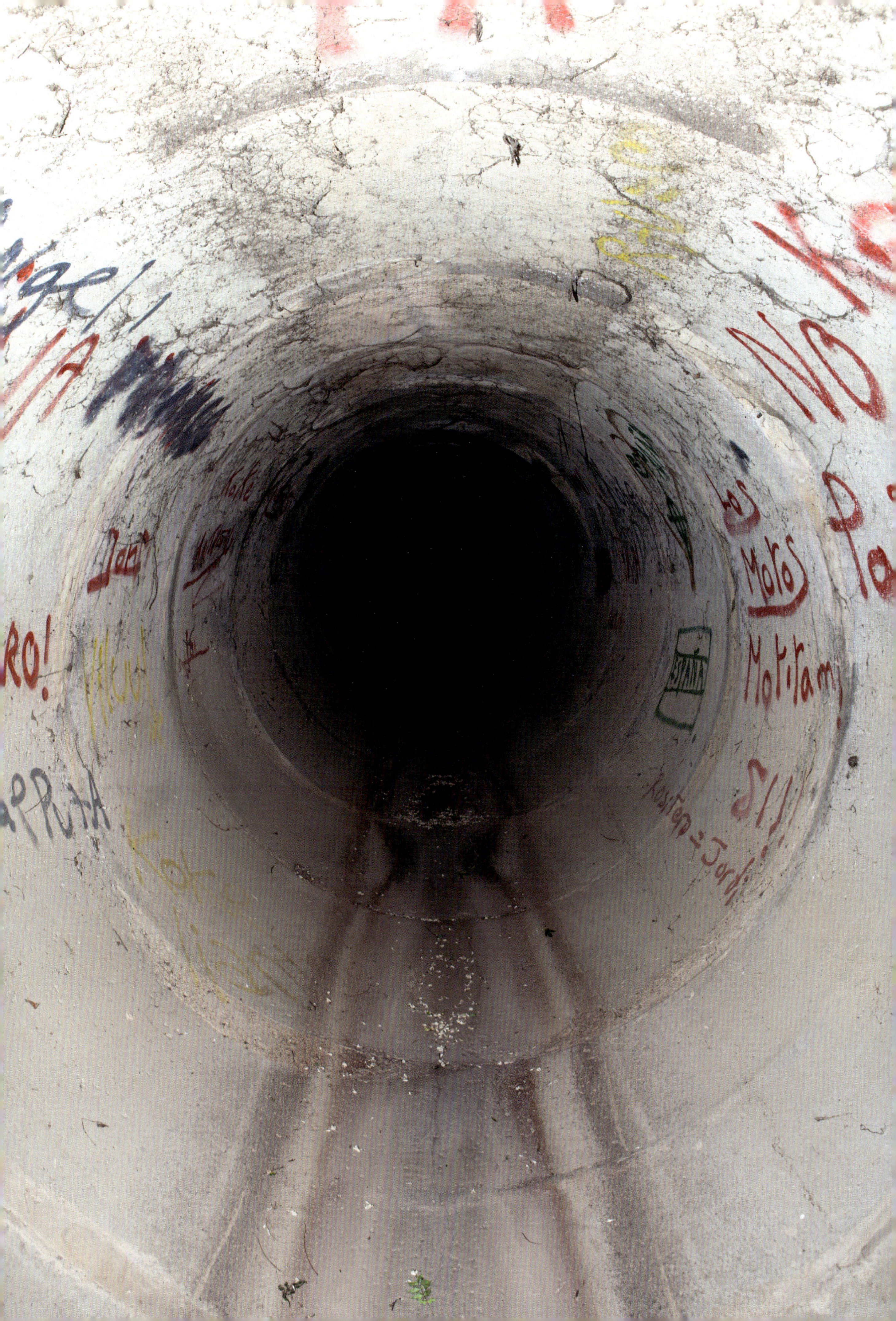
NO
Los Moros

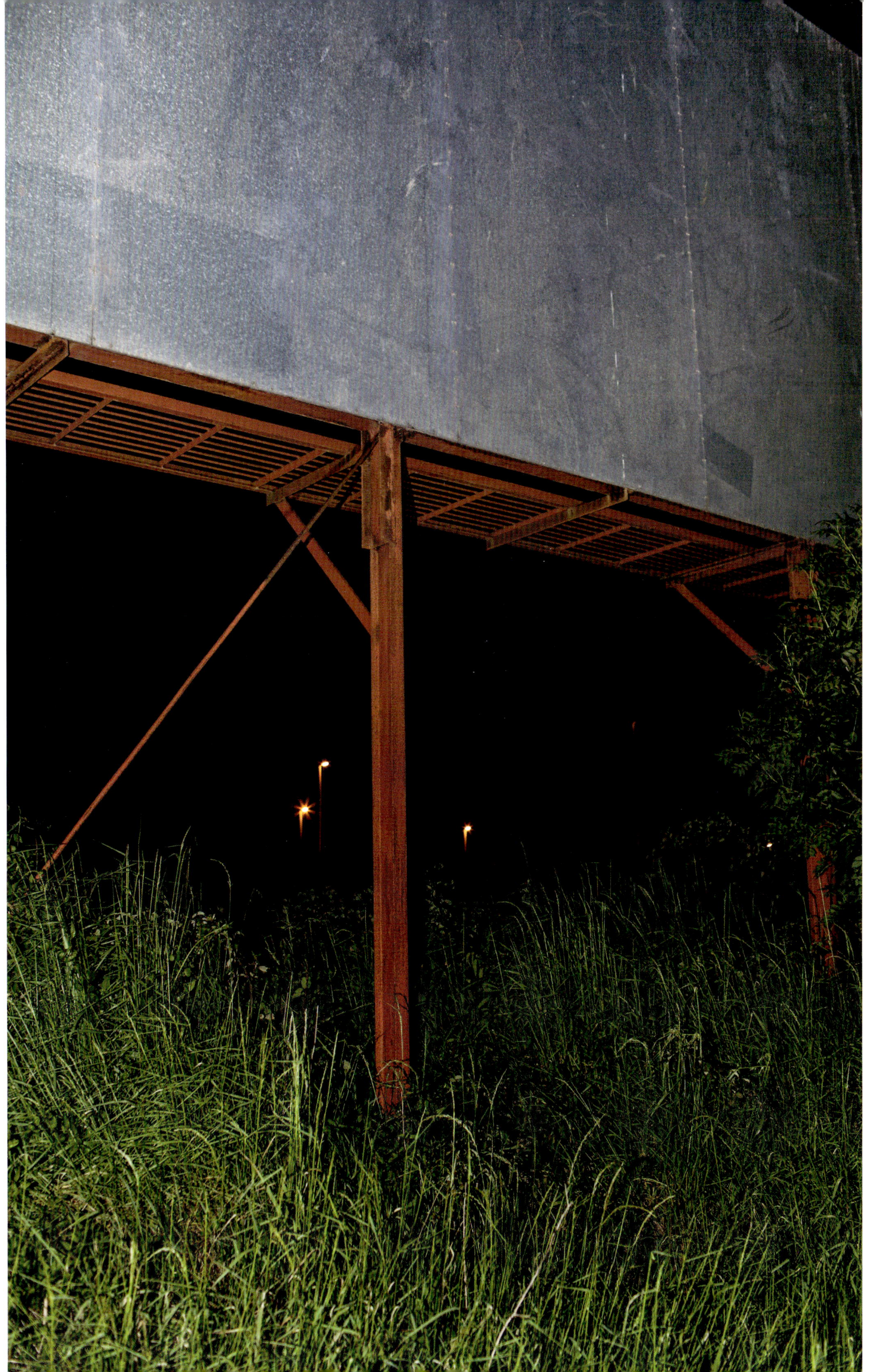

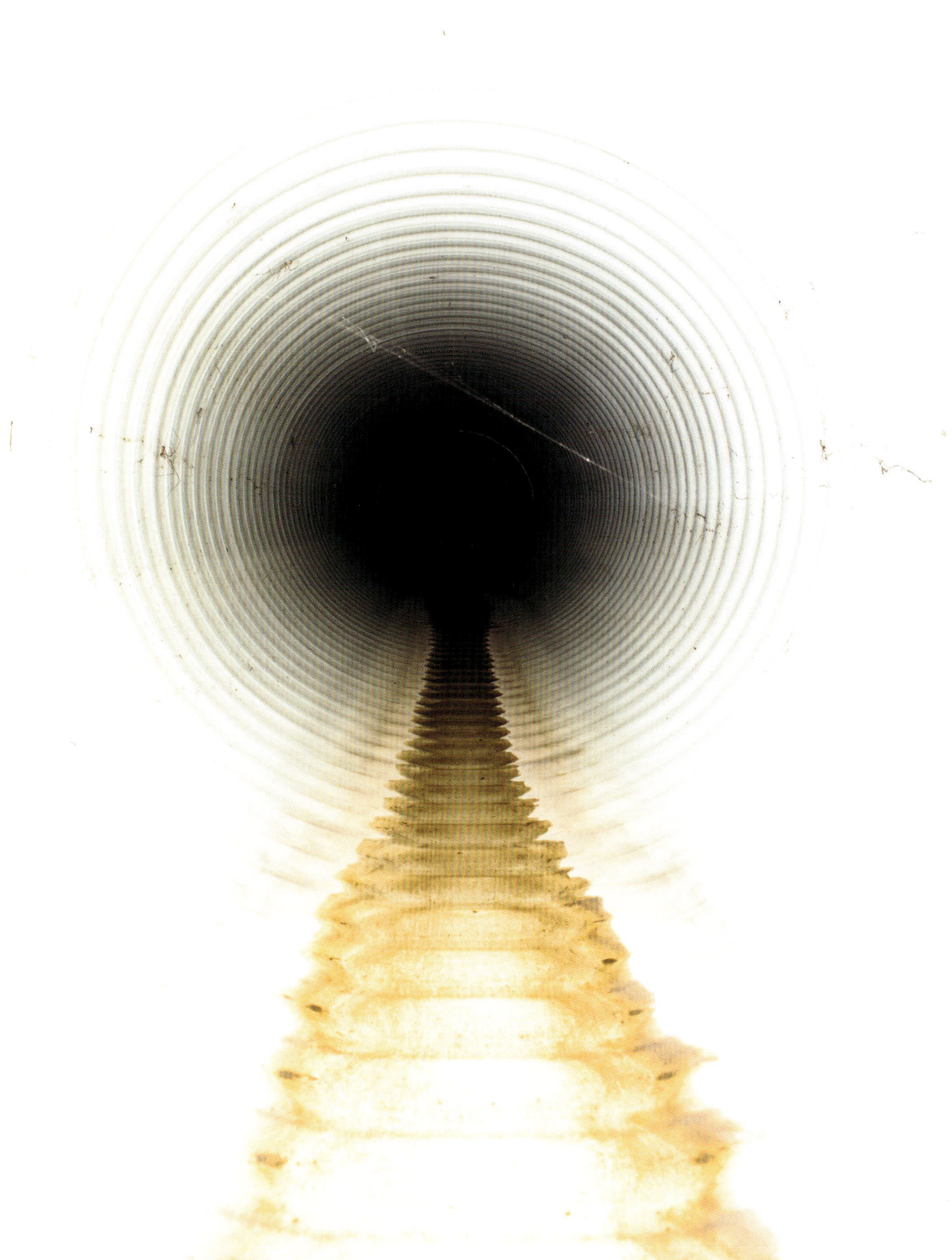

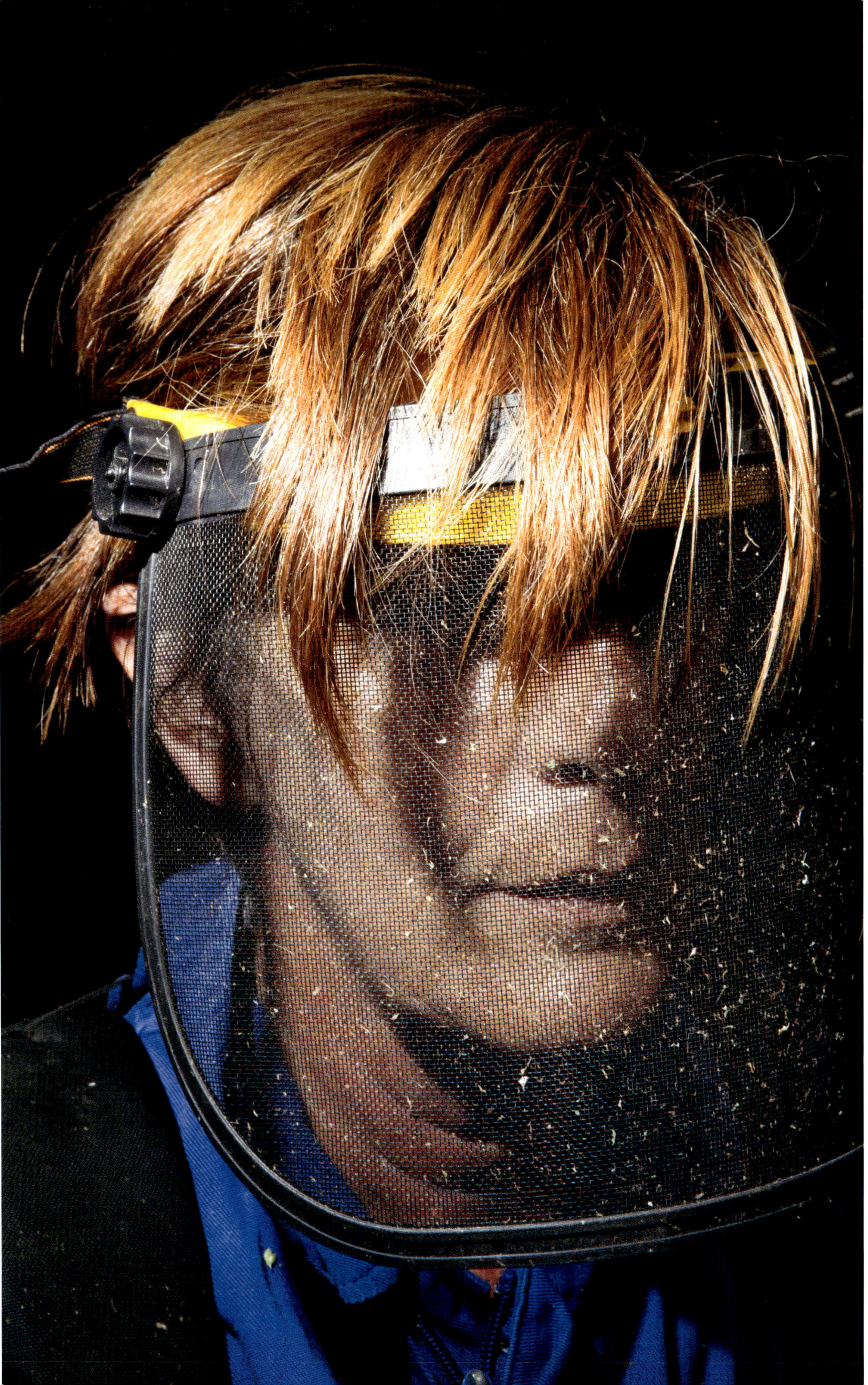

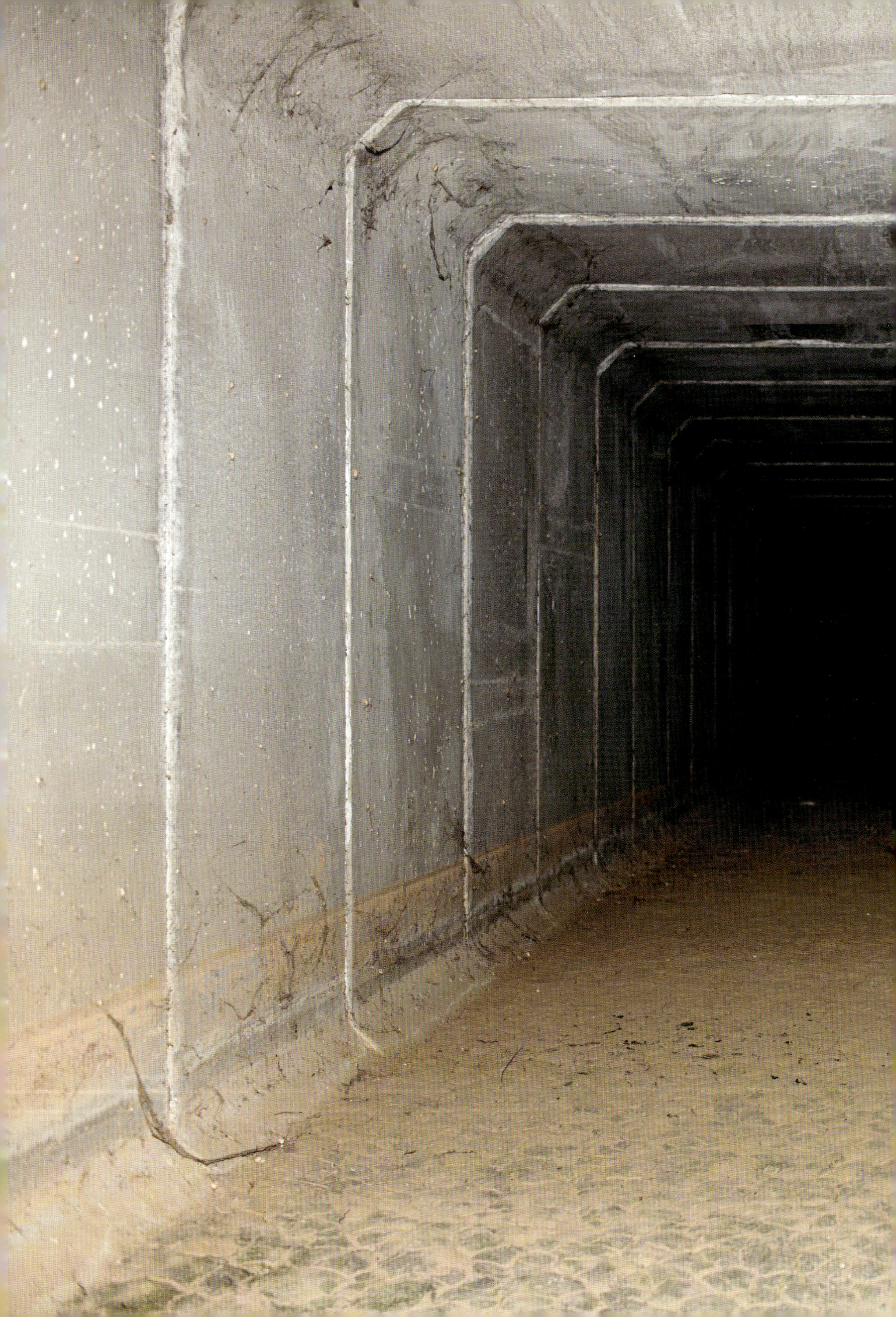

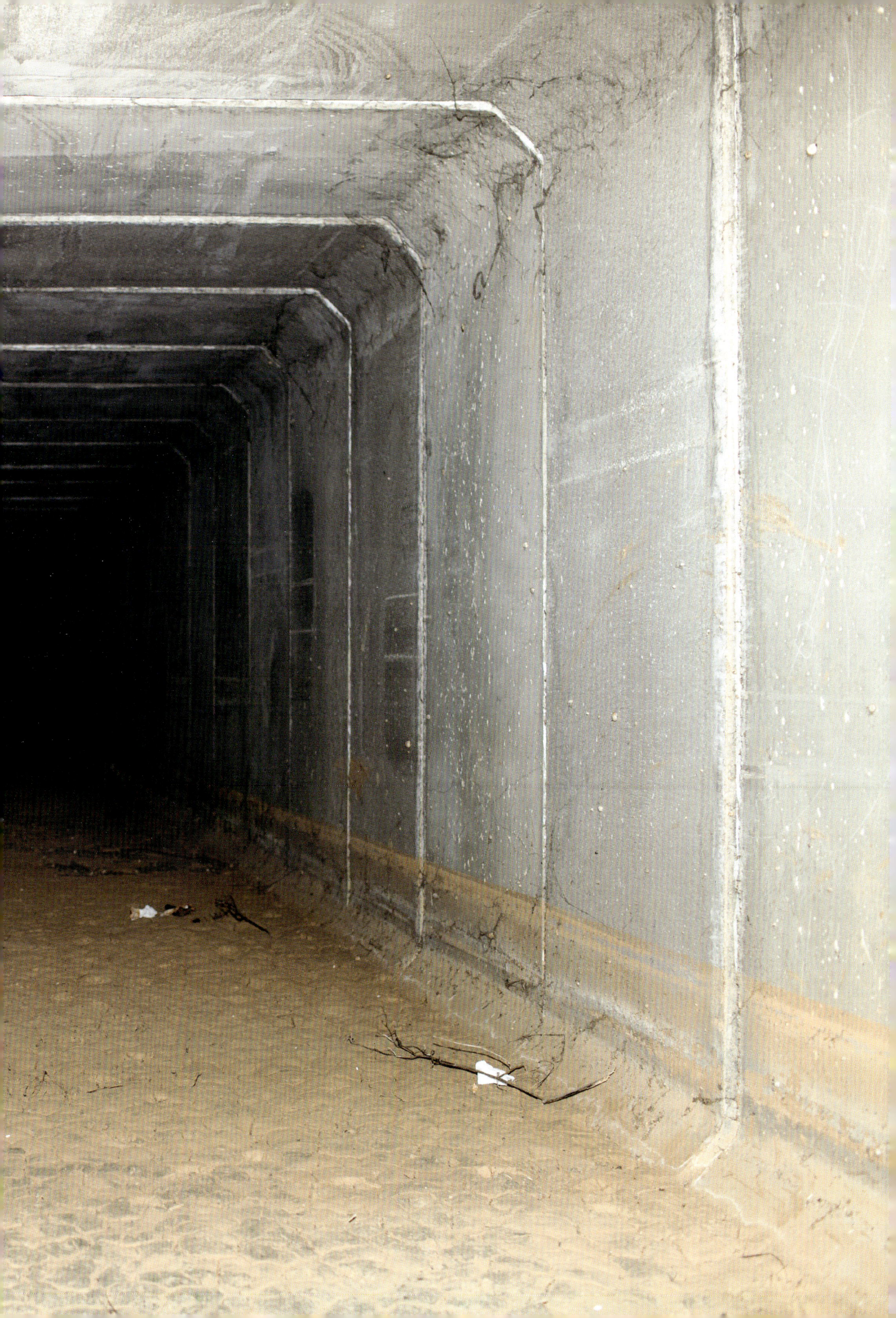

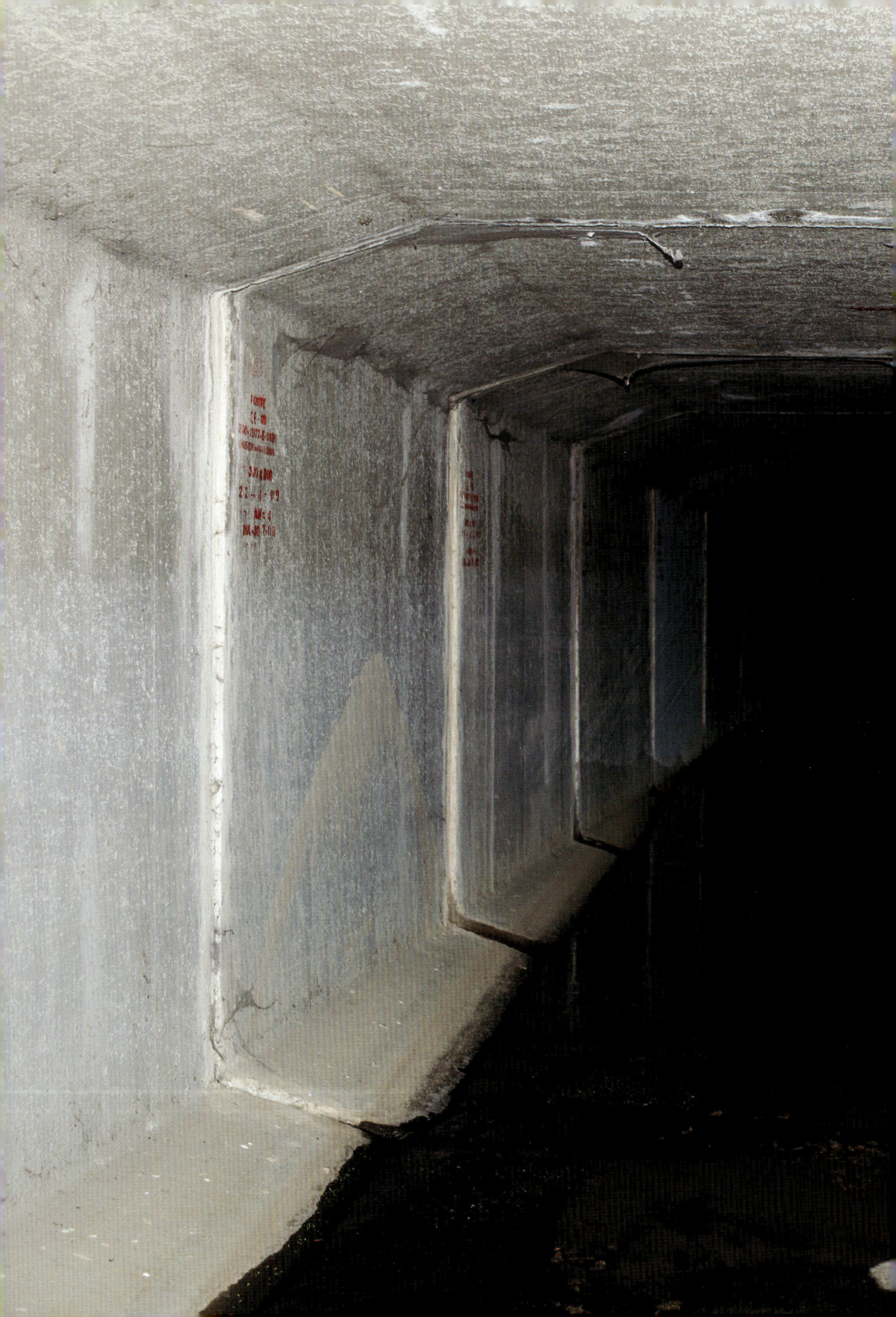

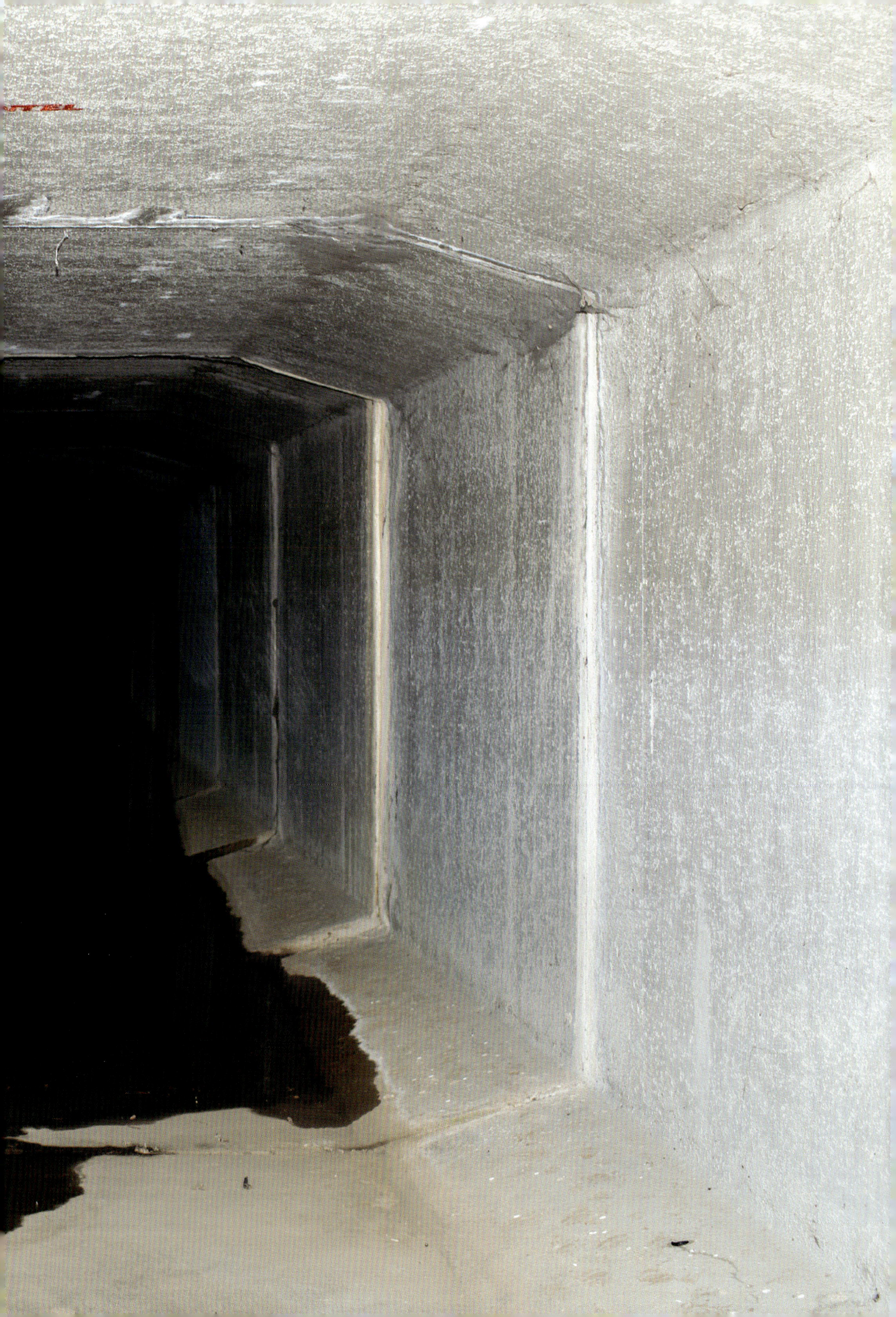

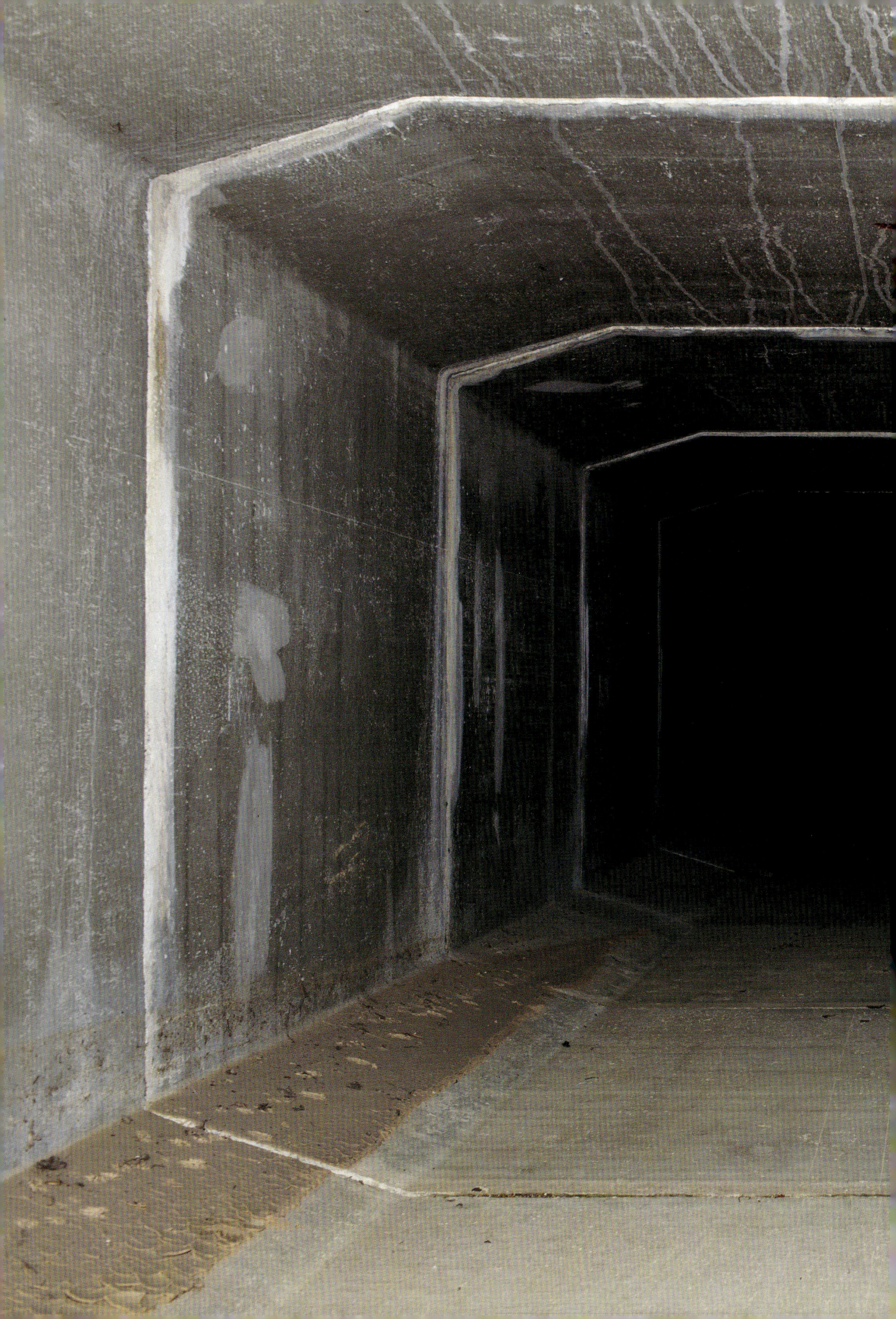

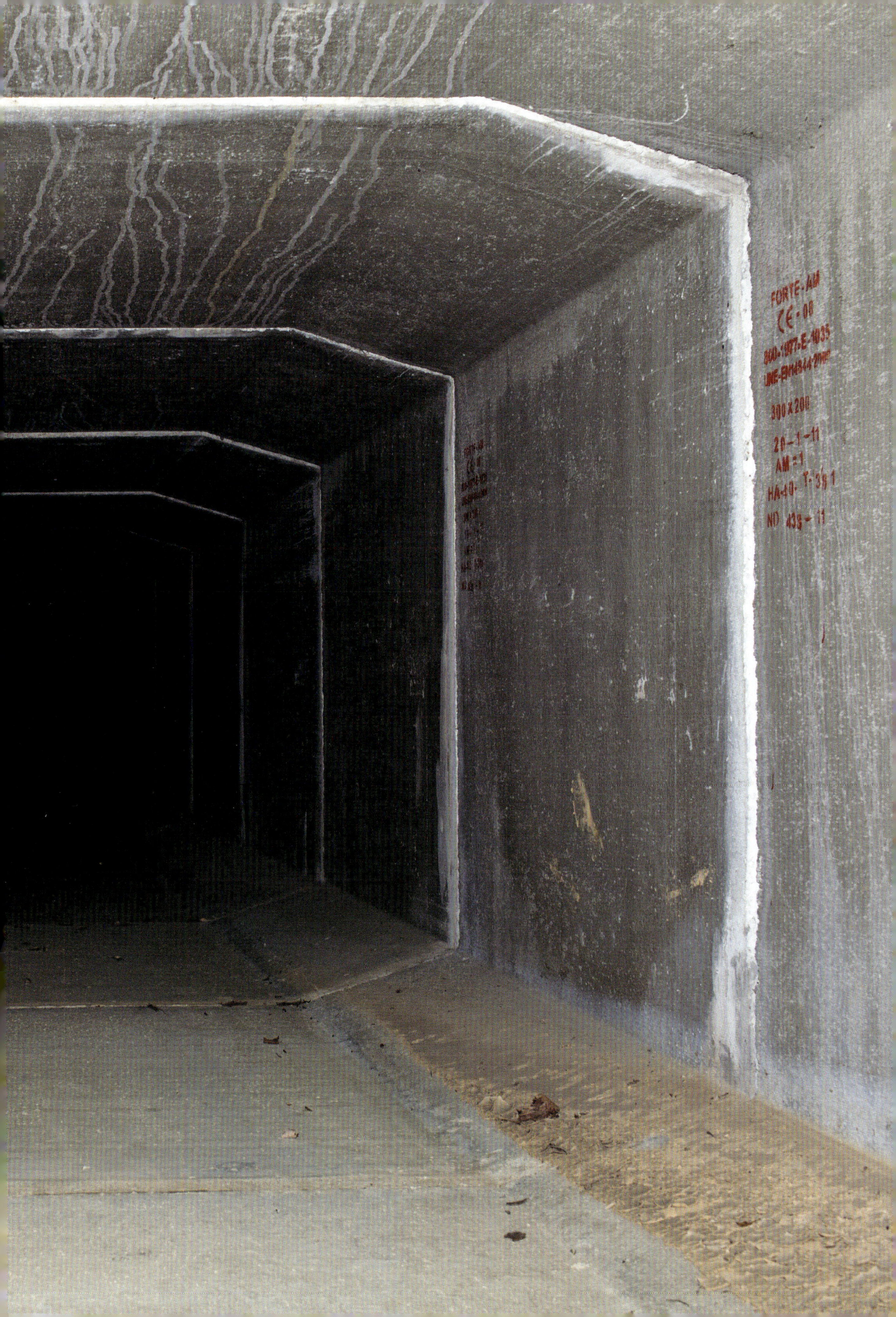
FORTE-AM
300 x 200
20-1-11
AM=1

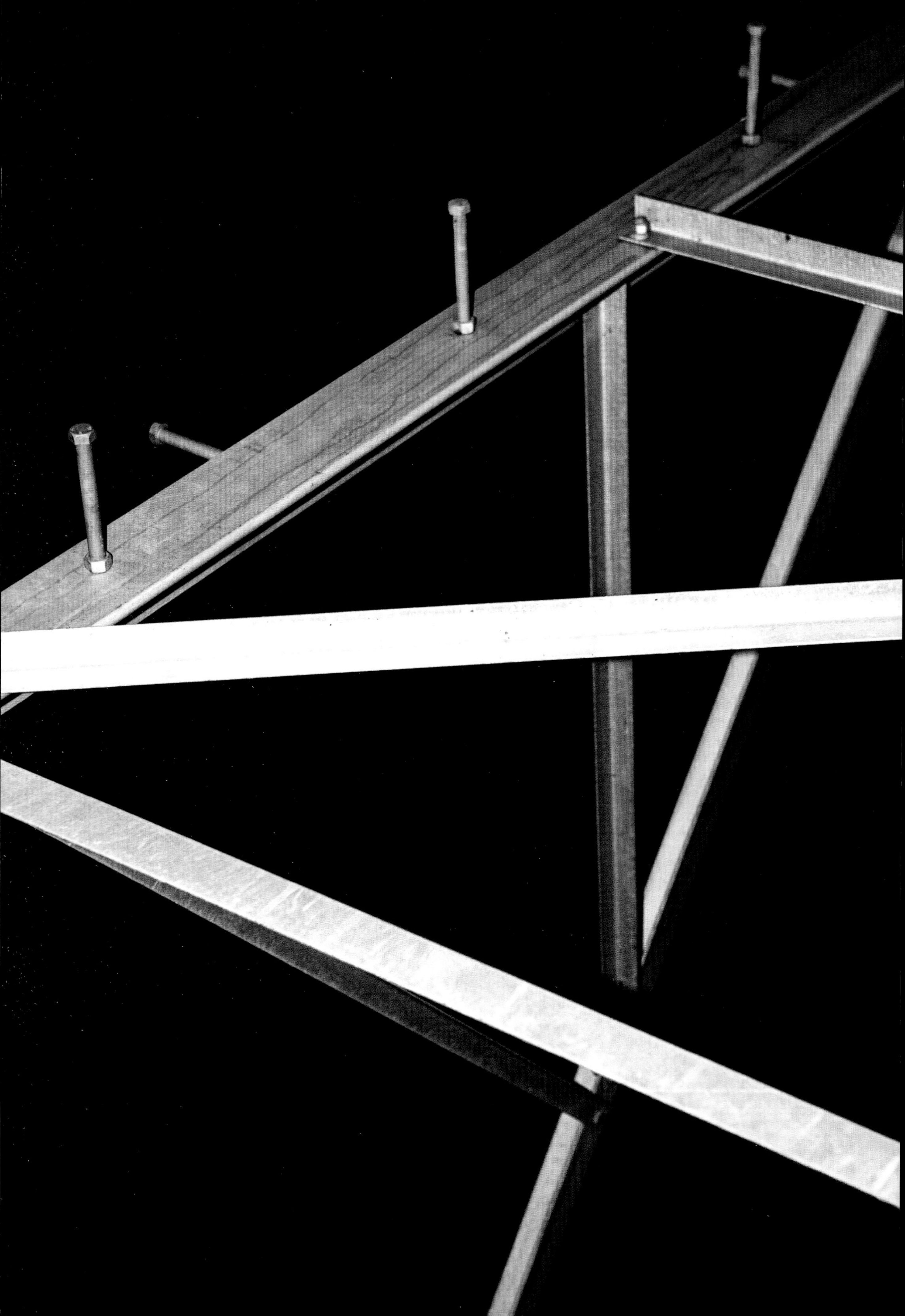

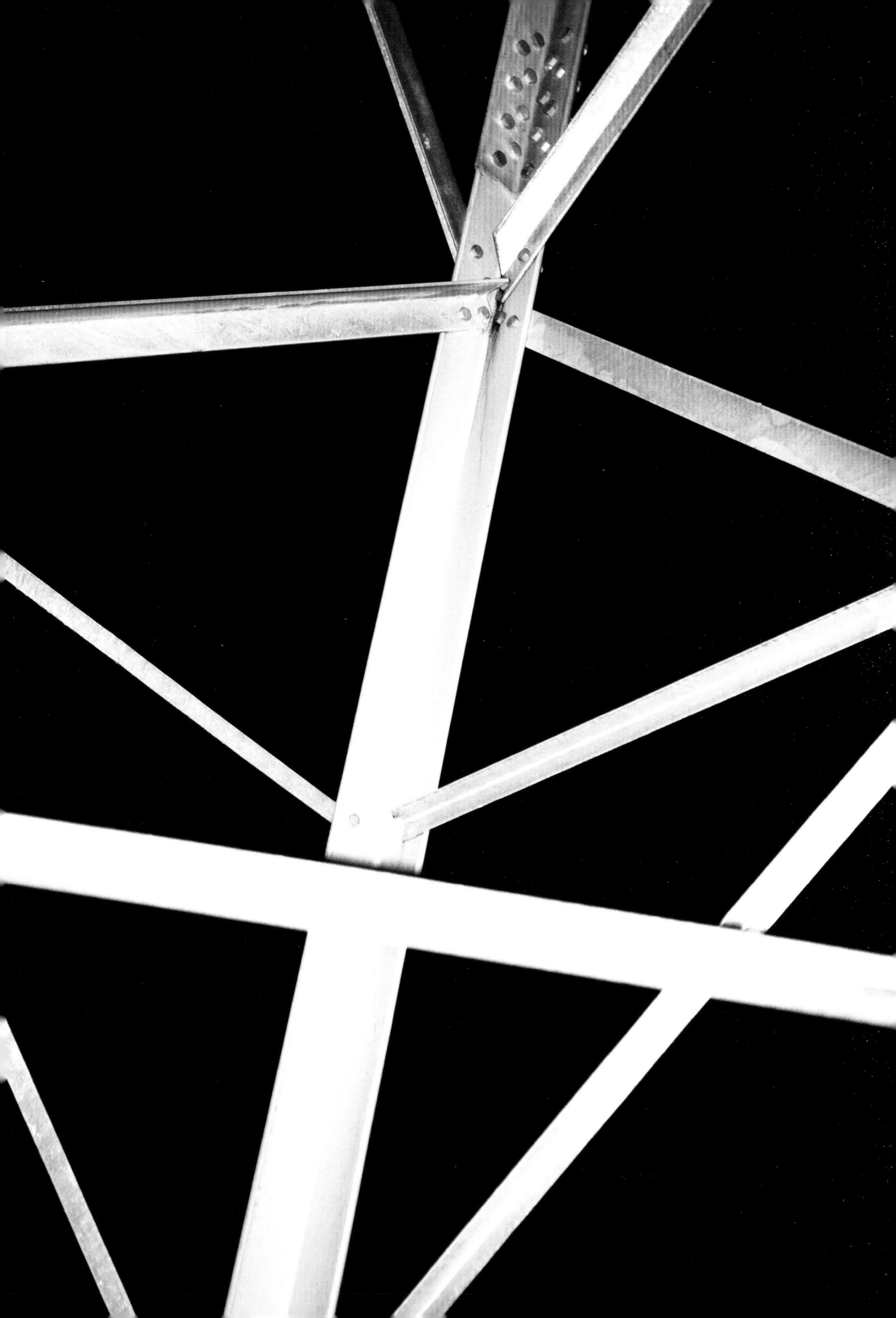

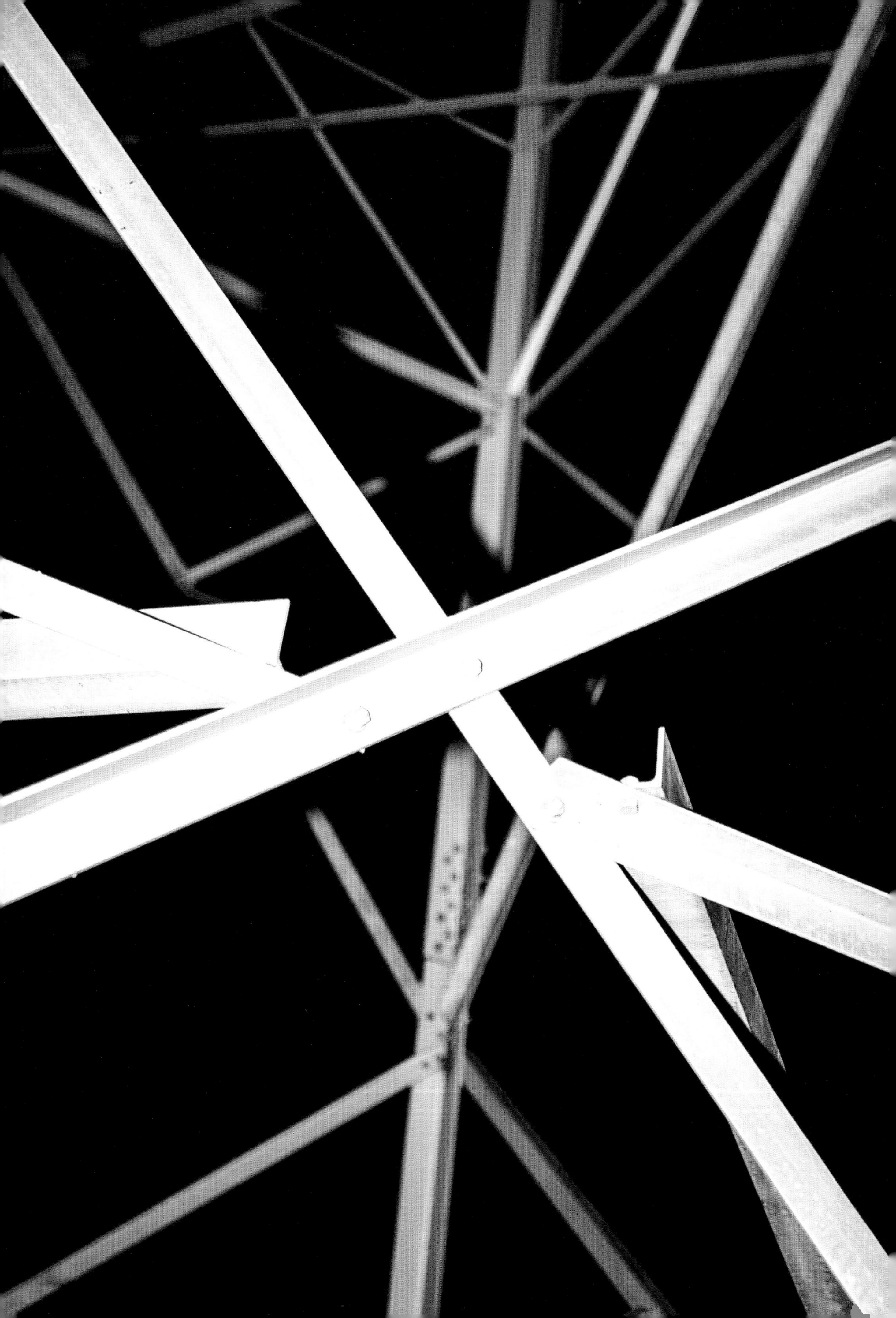

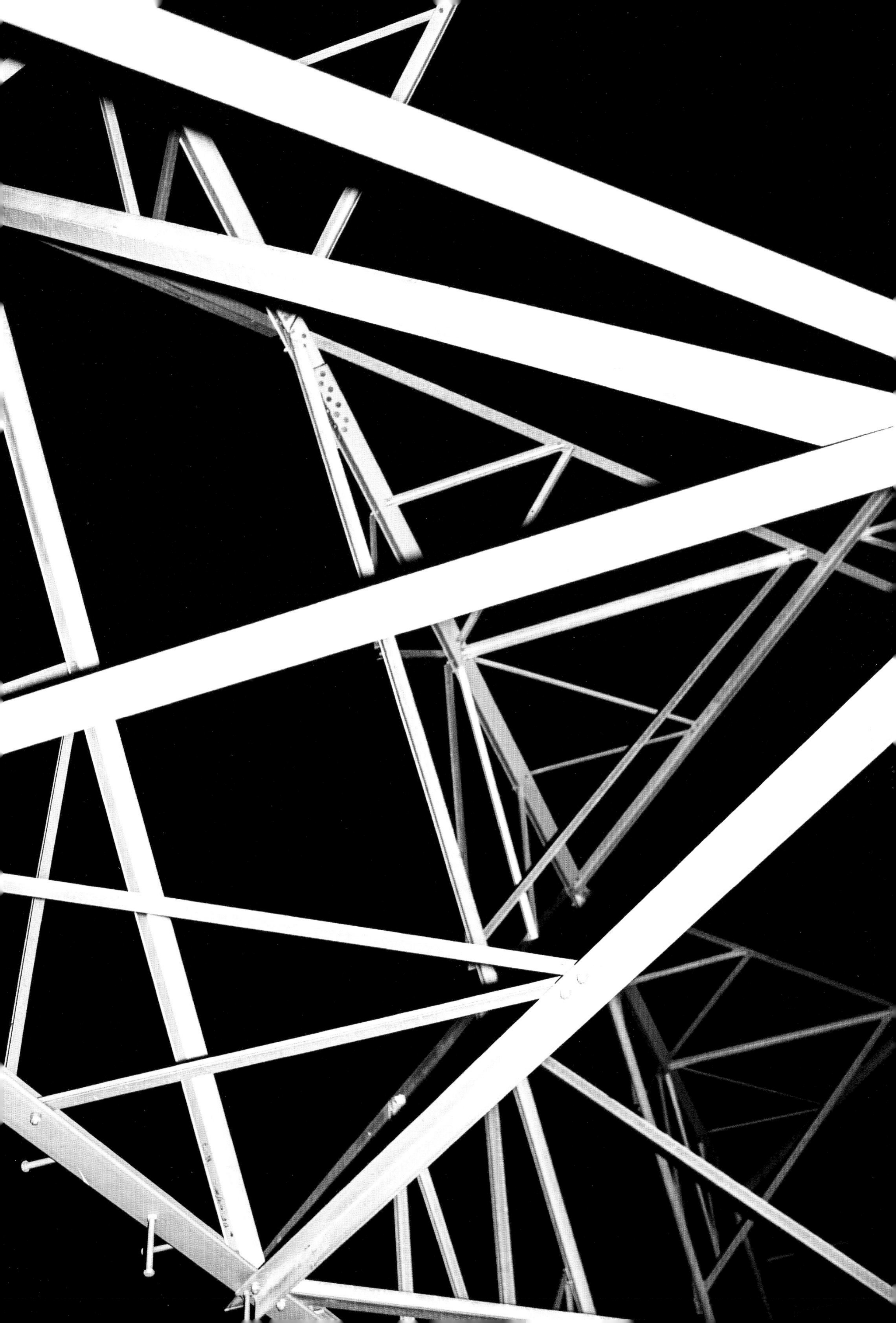

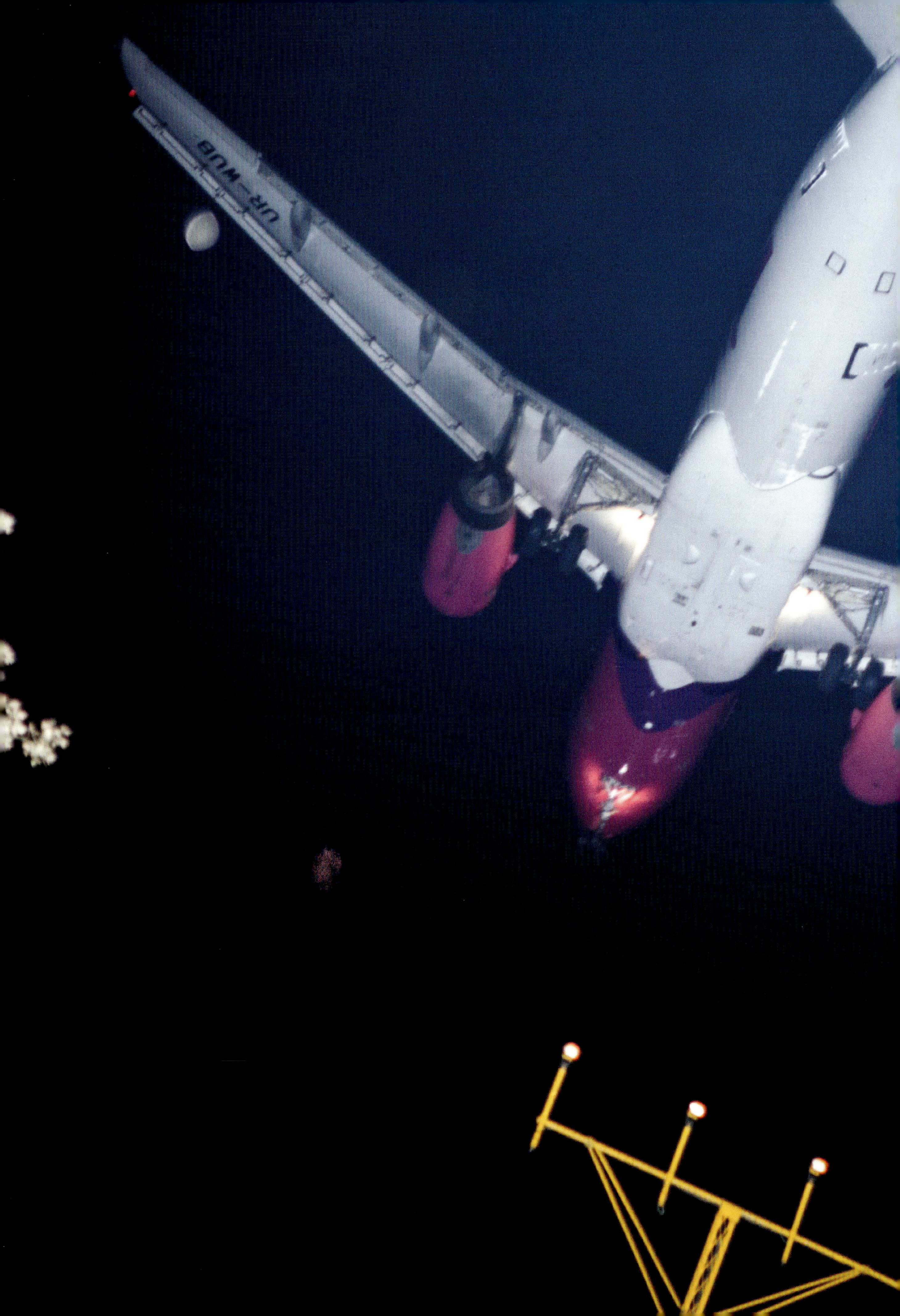
UR-WUB

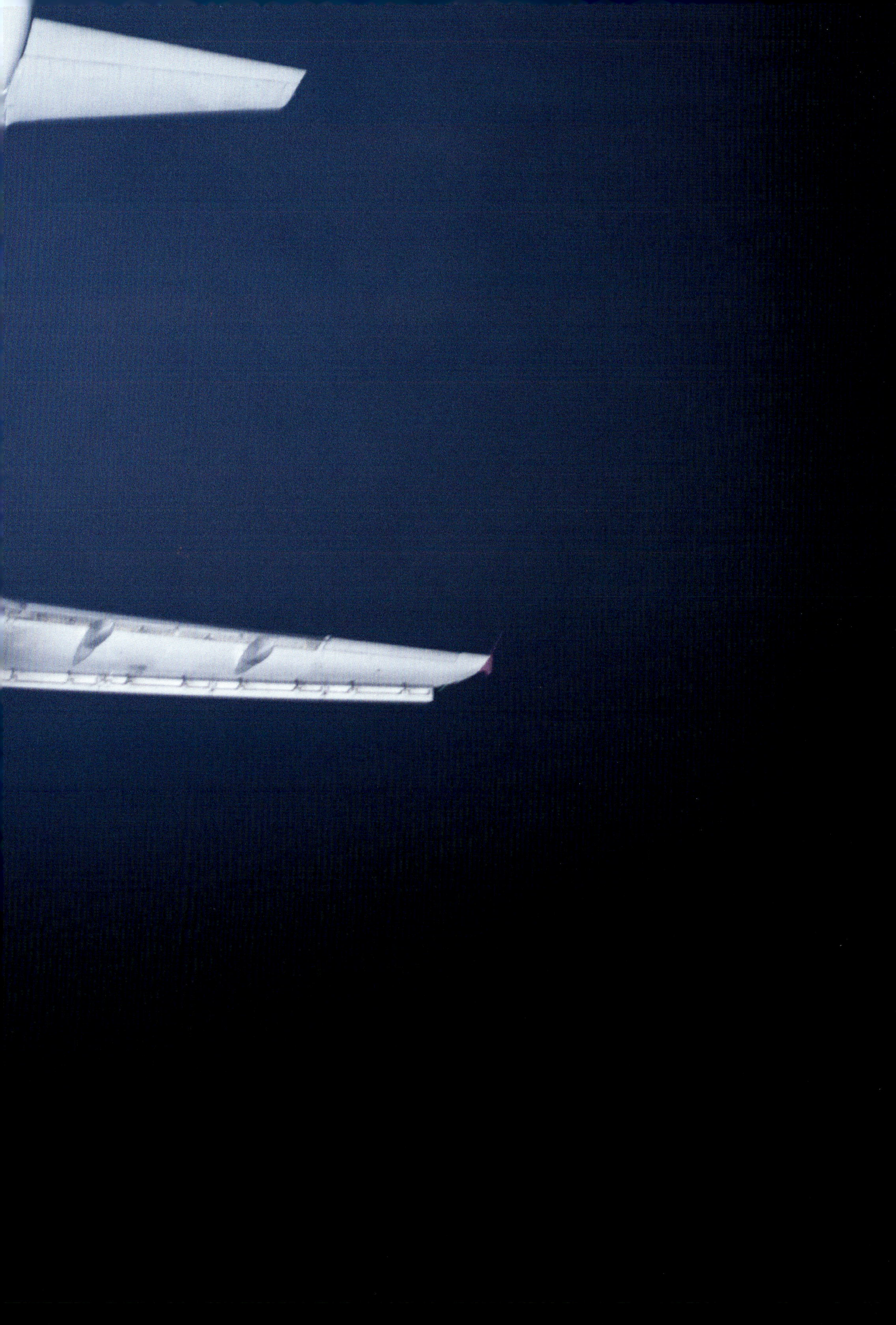

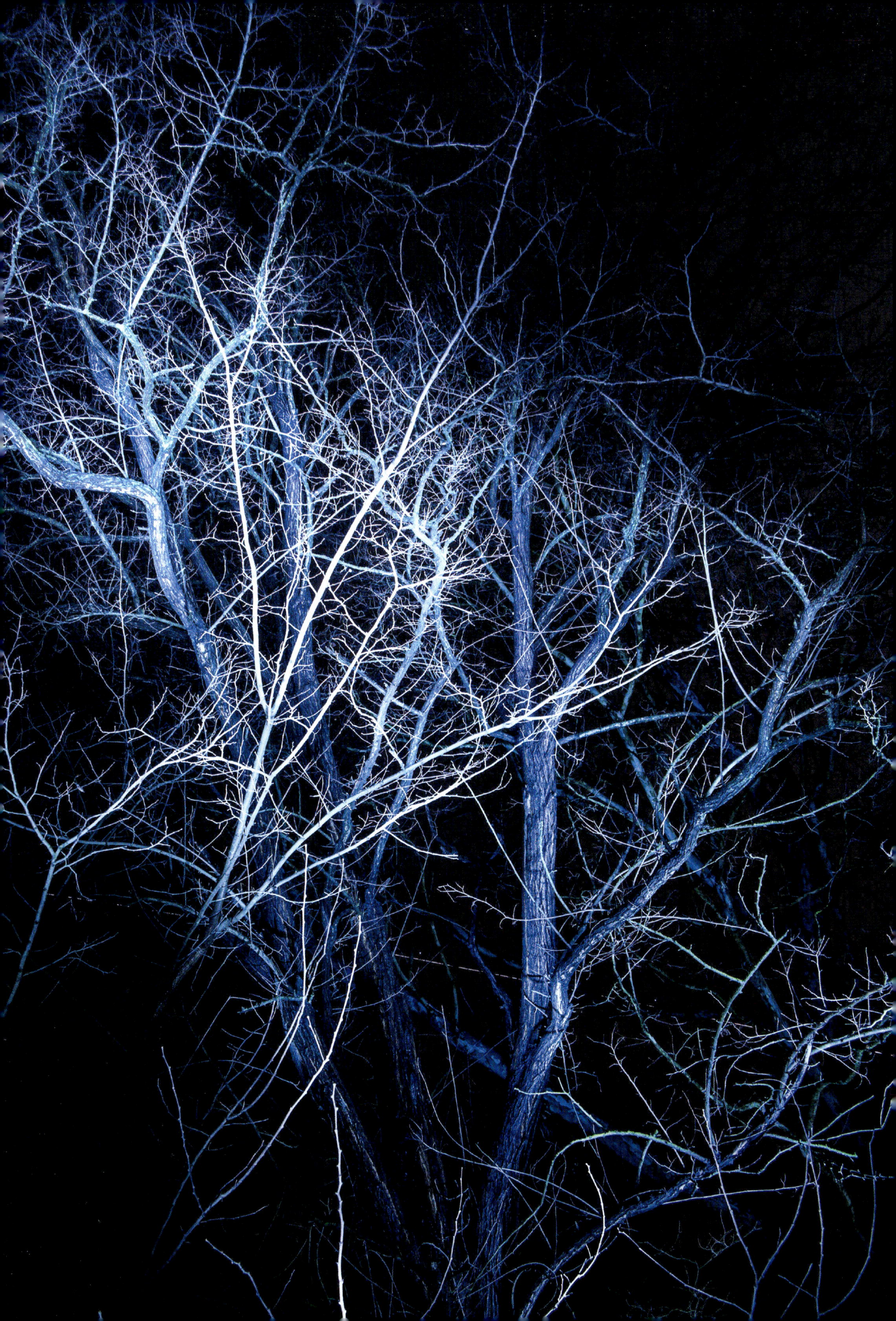

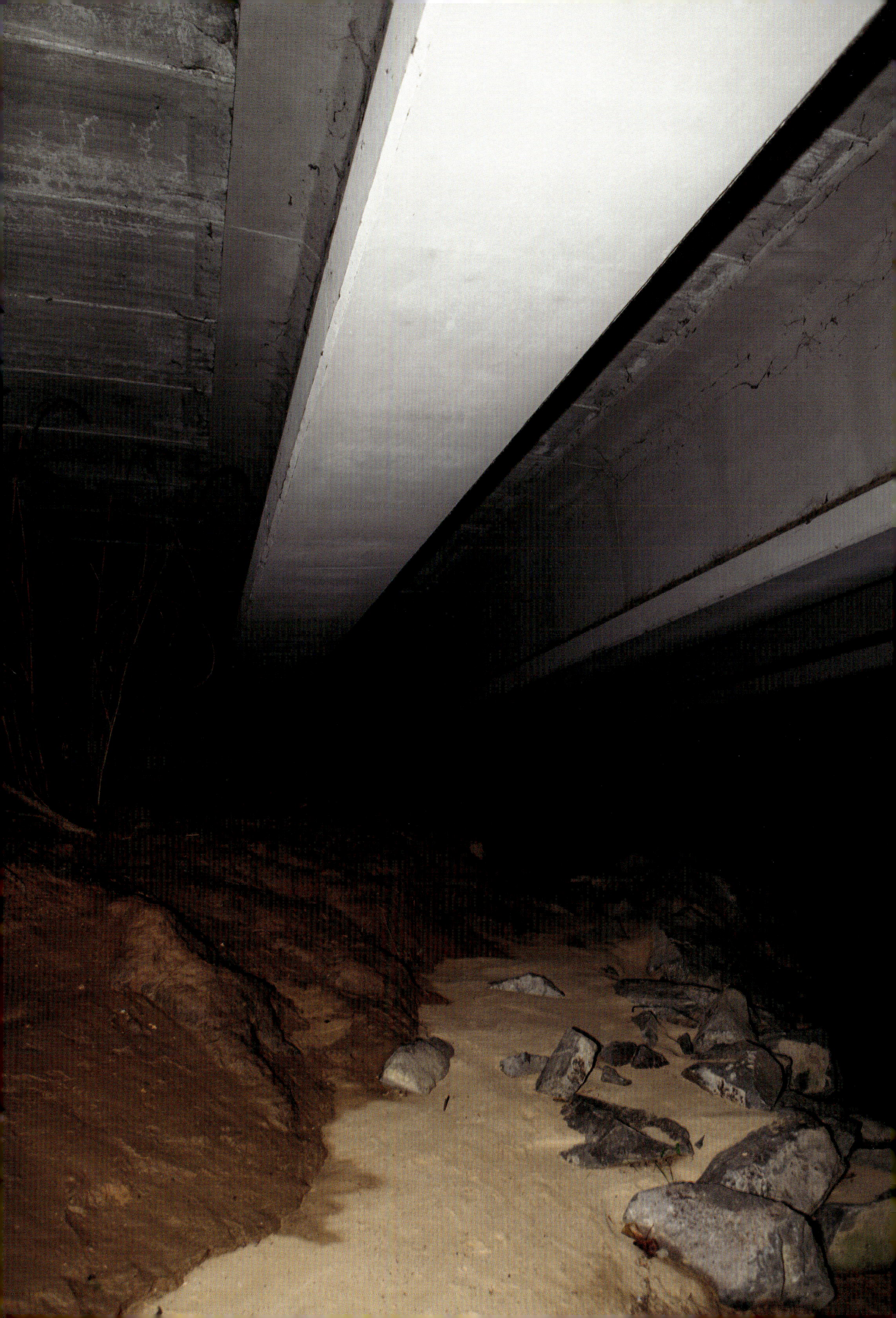

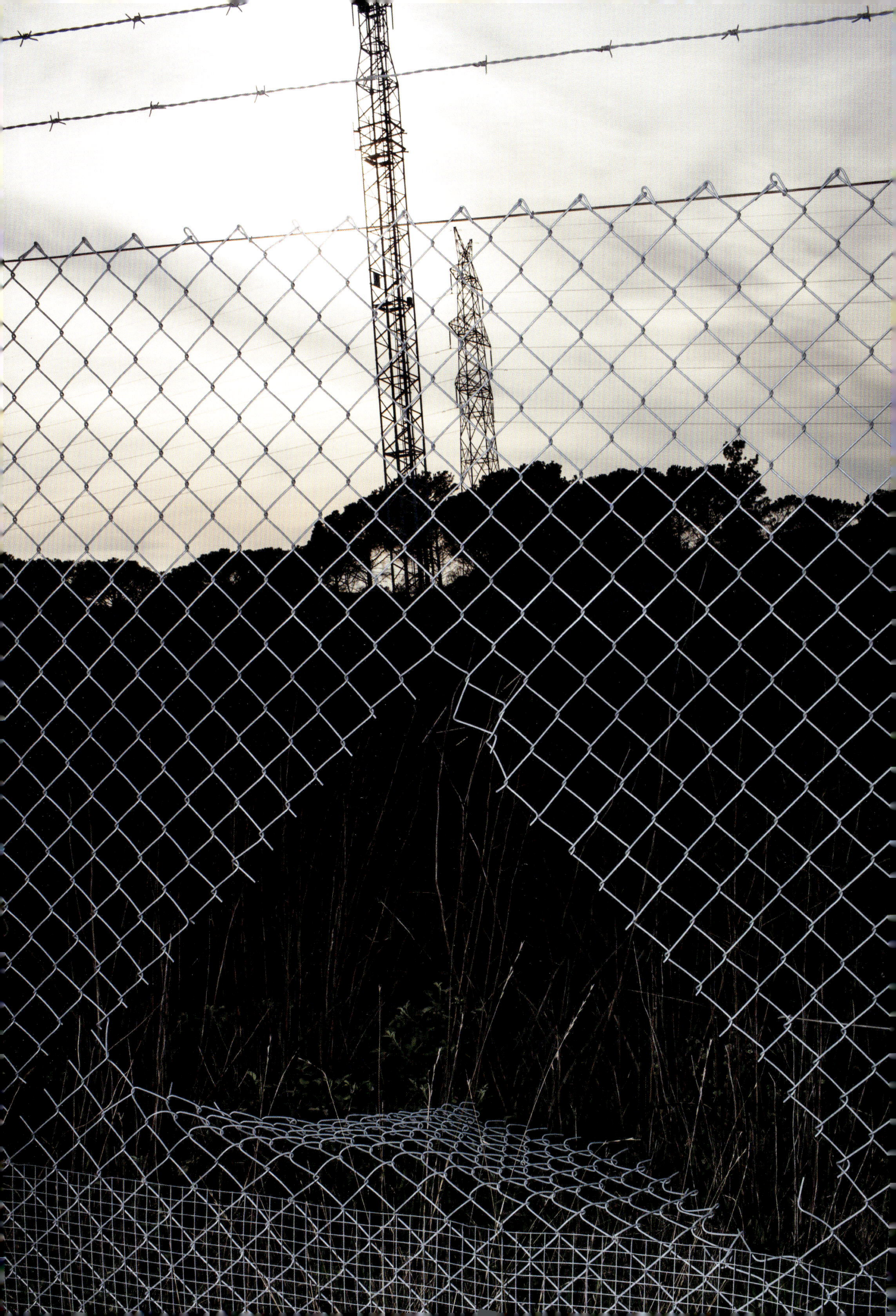

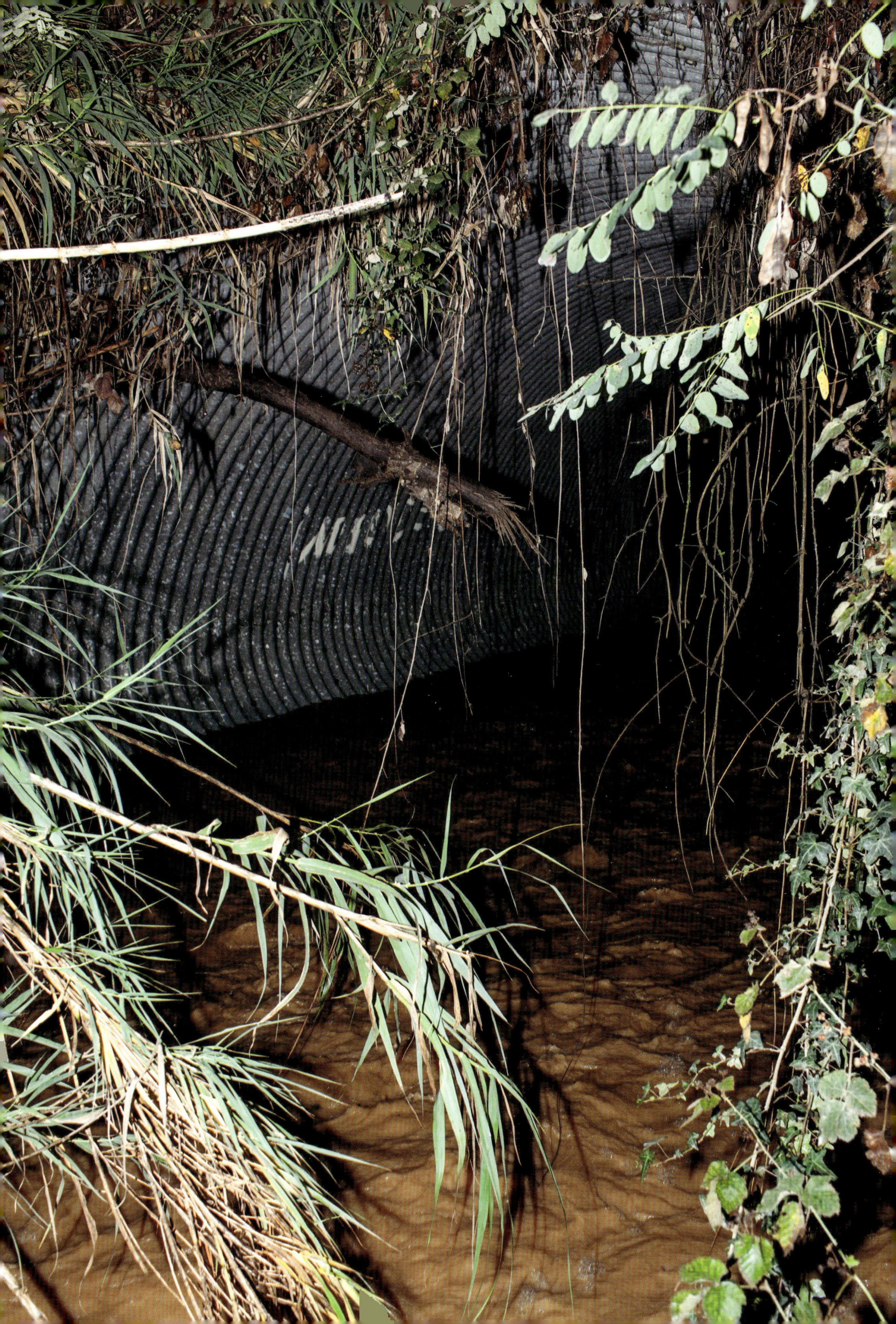

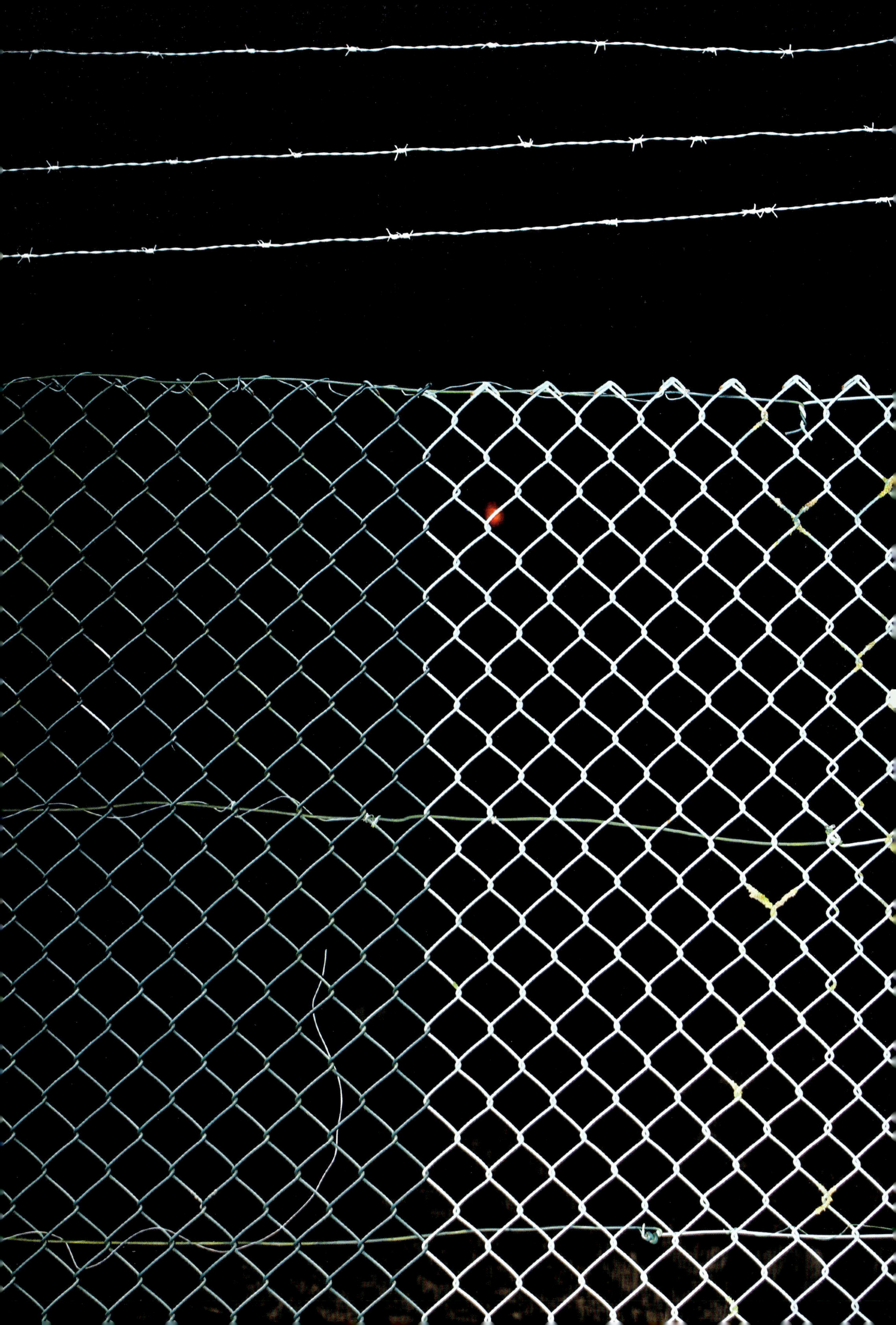

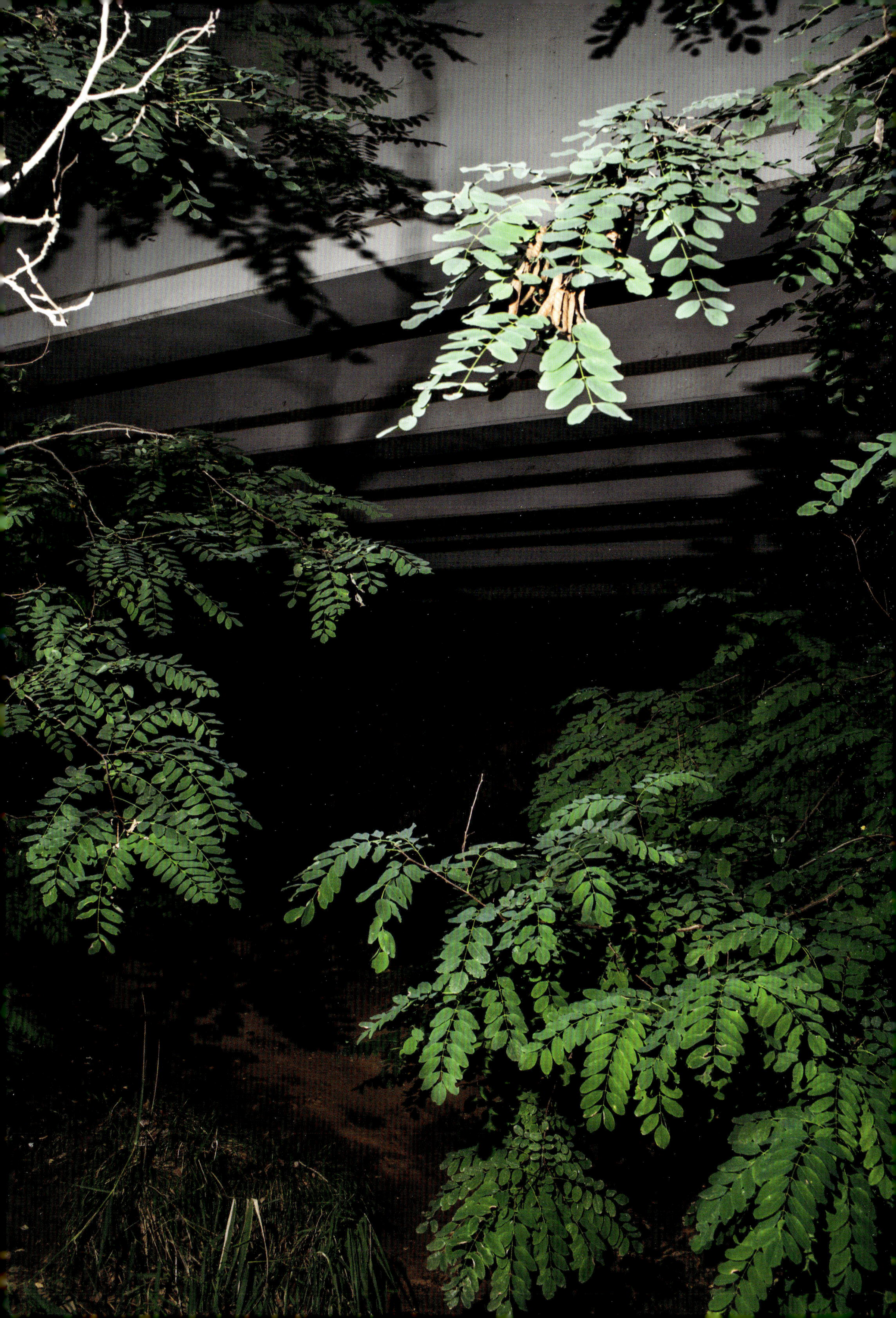

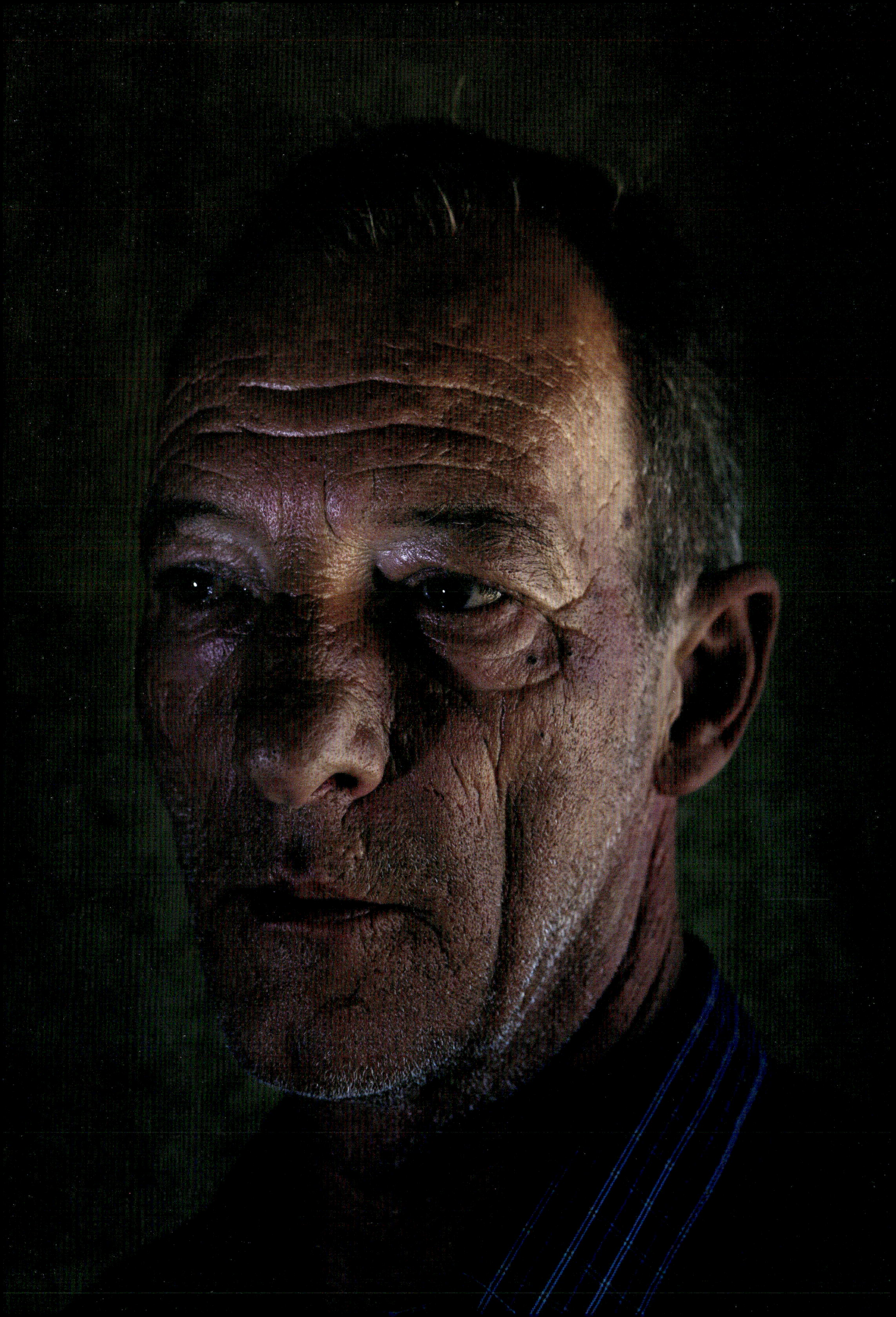

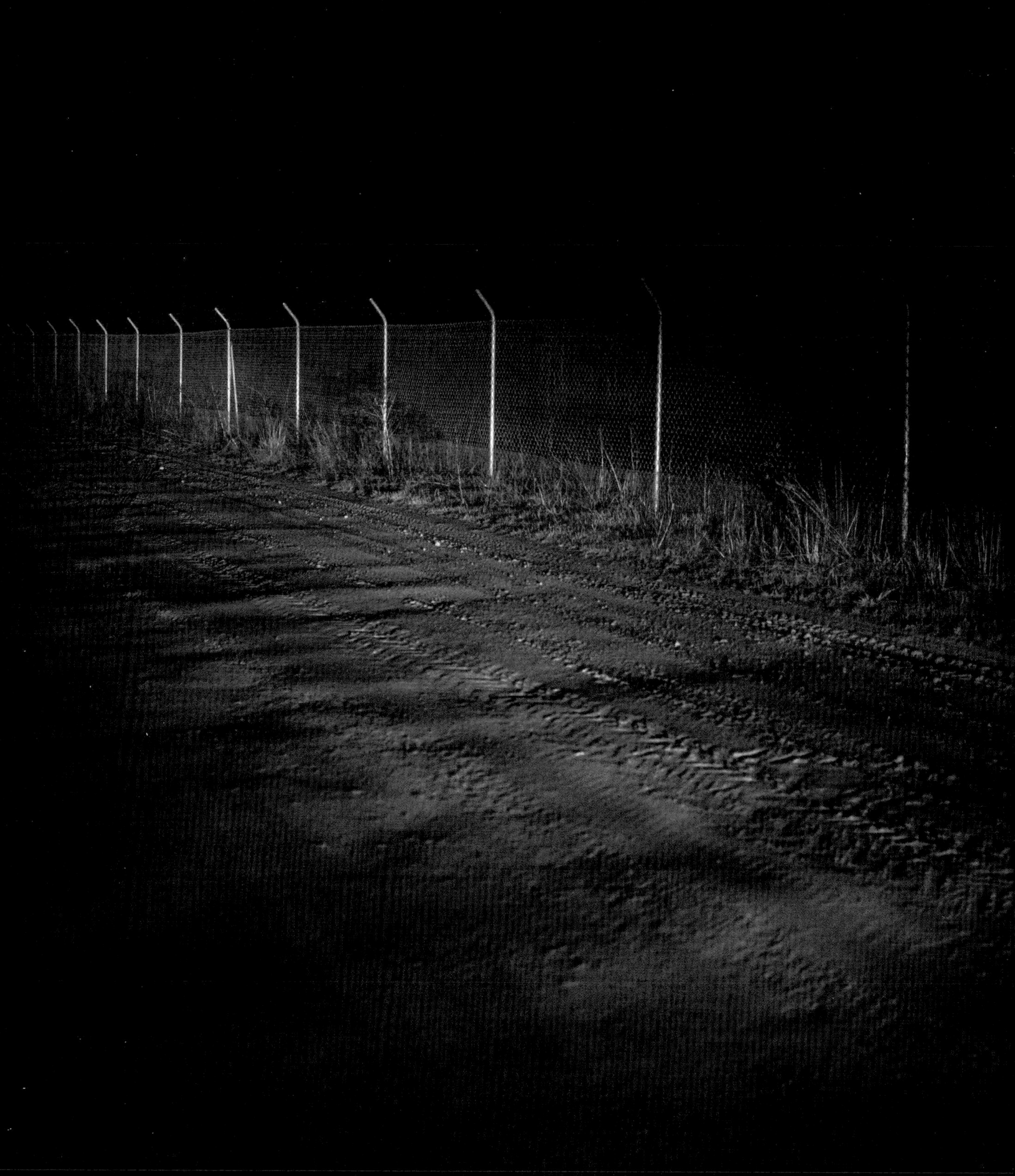

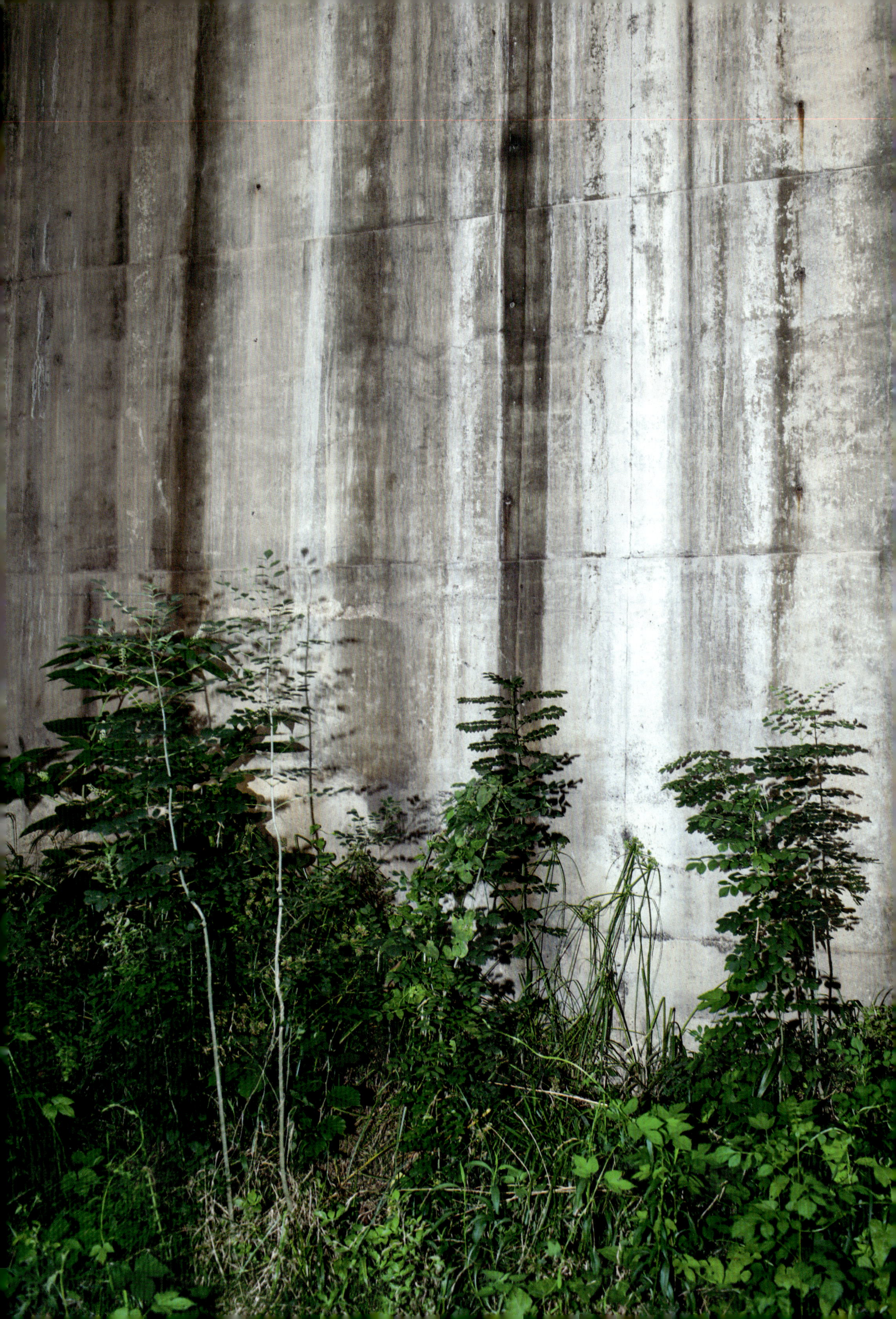

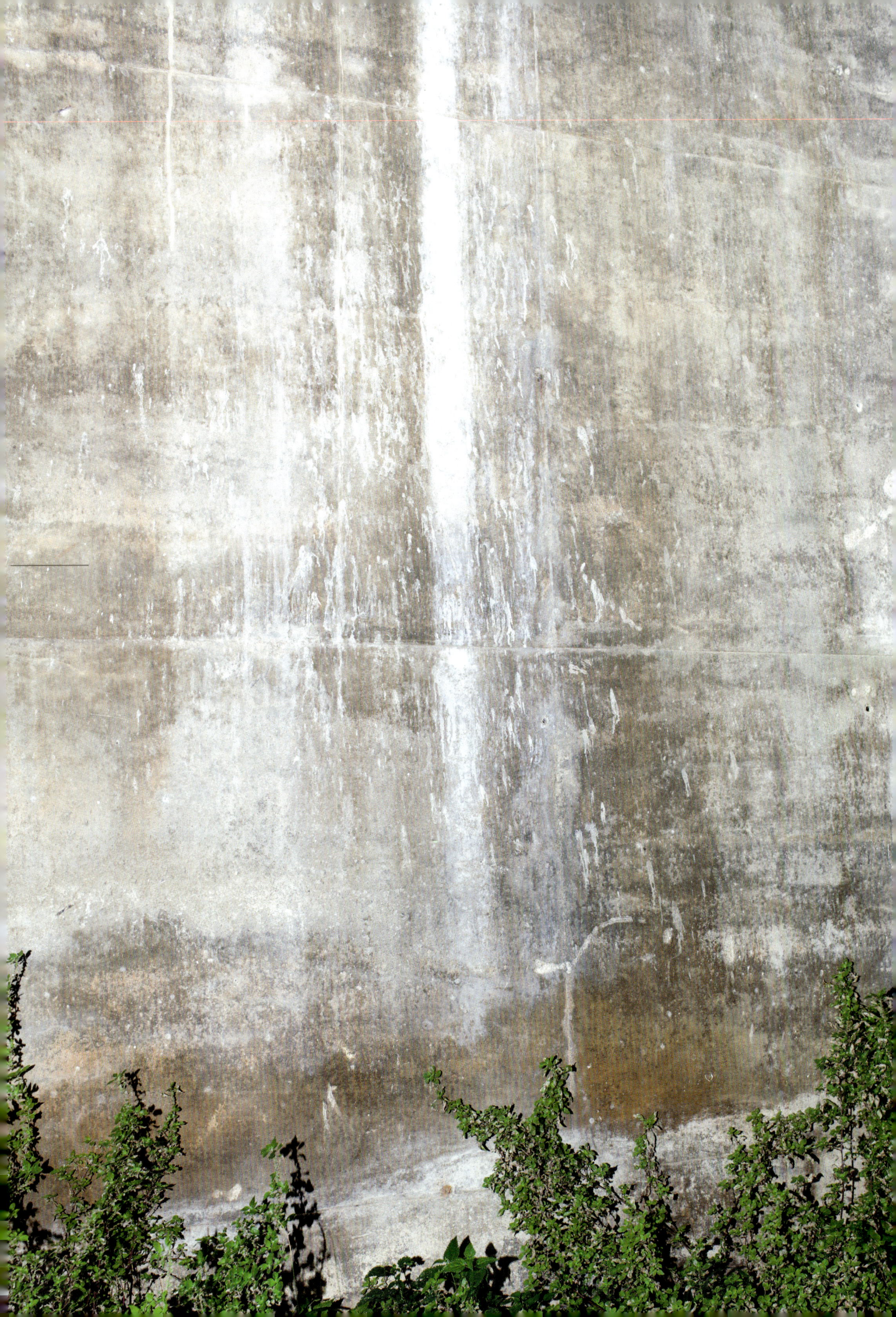

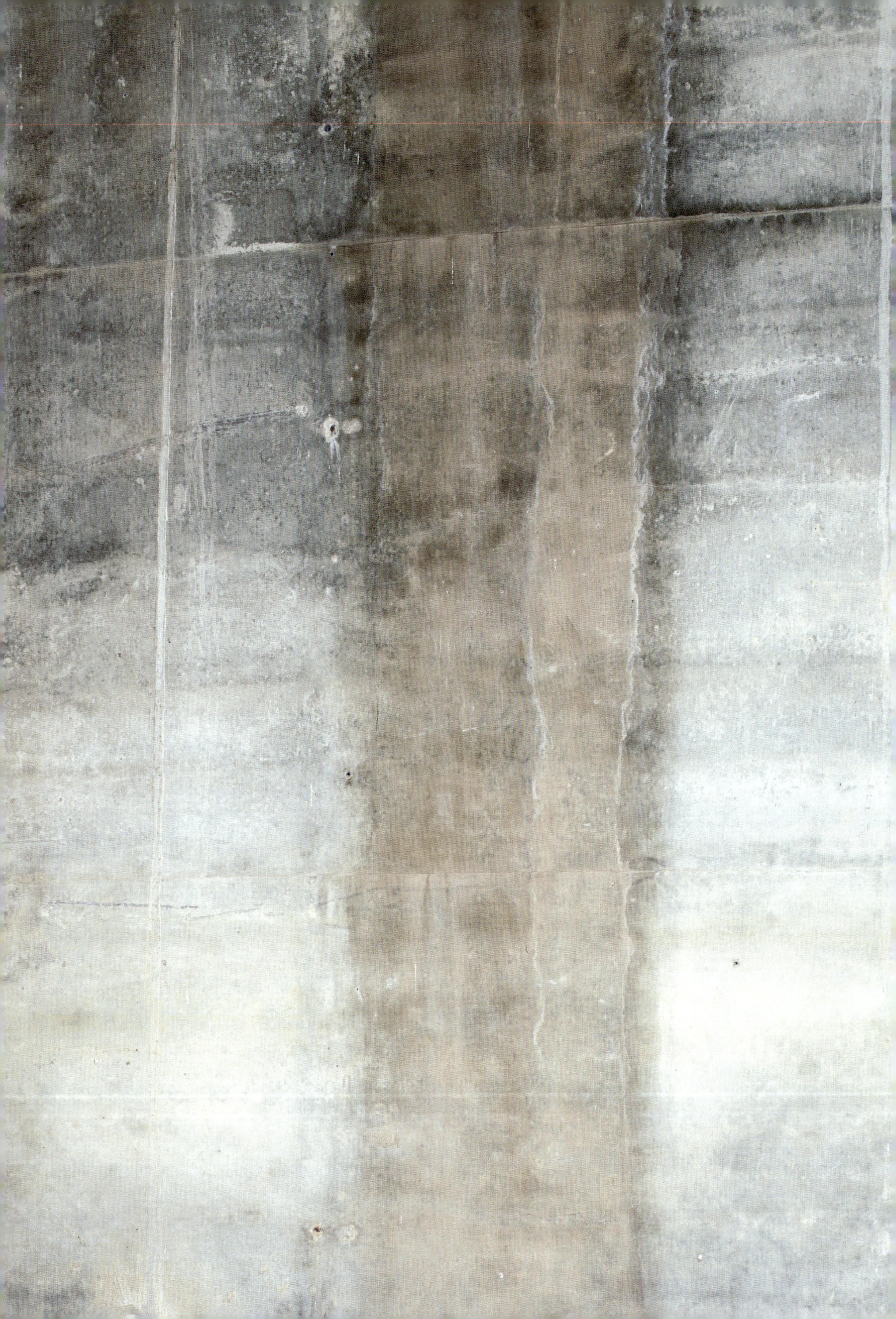

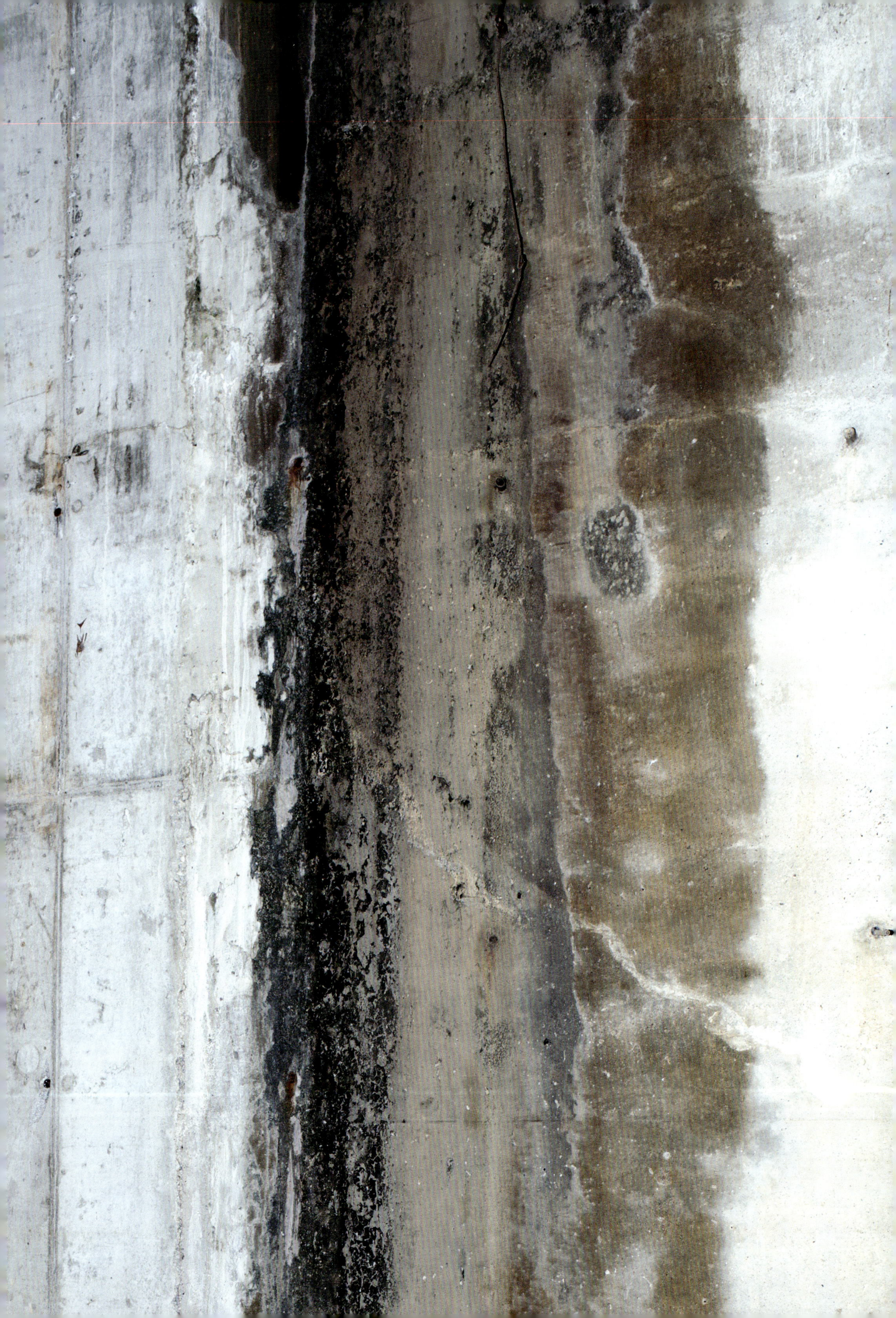

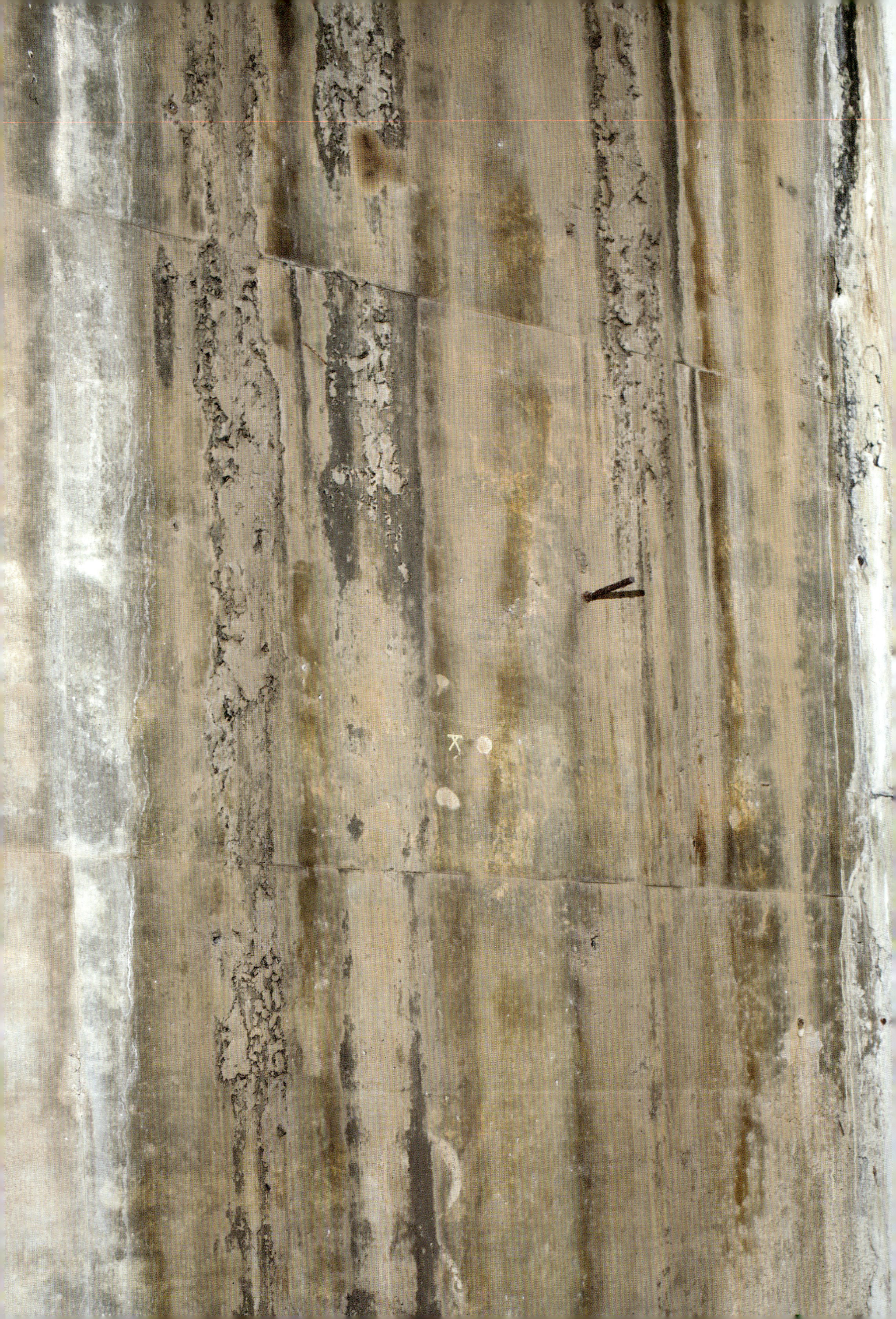

luchas películas empiezan con un plano cenital de aproximación geográfica al territorio que contiene el relato
ı el estamos a punto de aterrizar. Esta estructura de acercamiento paulatino nos coloca explícitamente en una sición de externalidad. Ni pertenecemos al relato que se nos presenta, ni pertenecemos al territorio dentro del al se desarrolla la historia que la película nos cuenta. Somos forasteros inofensivos en tierra de otros desde estra posición de espectadores. Pero, ¿y si aterrizásemos, como exploradores de otro mundo, en un territorio e sí conocemos? Algo así como un ejercicio de contacto con la otredad en el cual no tropezamos con ningún traño, sino que en el cual somos nosotros quienes decidimos comportarnos como extranjeros, descartando, en medida de lo posible, todo lo que ya conocemos de ese lugar. Puede tampoco sea necesario tal ejercicio para oder afirmar que tal vez nada es tan ajeno a nosotros como nuestro lugar de origen. Una vez lo abandonamos, a no hay vuelta atrás. El lugar en el que nacemos funciona como primera toma de contacto con la realidad, pero también como primera frontera dentro de un mundo donde las cosas más interesantes parecen suceder siempre en otra parte. El precio que hay que pagar por una vida en tránsito permanente es cierta dosis de destierro emocional. Volver al lugar de origen como exploradores de un territorio desconocido que conocemos demasiado bien puede ser una estrategia para reconciliarnos con nuestro pasado. Volver para reconocer, entendiendo este reconocimiento no como una afirmación y repetición de las certezas o evidencias, sino como una investigación del territorio basada en el extrañamiento. Volver, pero no para encontrar la hospitalidad de la memoria sobre la que se sostiene nuestra relación con el pasado. Volver como una manera de empezar desde cero con nuestro lugar de origen convirtiéndolo en lugar de destino.

Vilobí d'Onyar es un nombre más dentro de un mapa, uno de esos territorios tan pequeños que pasan desapercibidos dentro de esa representación del mundo nada ingenua que proponen los mapas. Vilobí d'Onyar es uno de esos lugares donde difícilmente encontraremos turistas pero que, sin embargo, está afectado por toda una red de infraestructuras de transporte que posibilitan el funcionamiento de un mundo en tránsito permanente. Existen lugares que, para que el mundo pueda conectarse, parecen estar obligados a desconectarse de ese mismo mundo que se conecta sobre ellos y a pesar de ellos. Consecuencias y resultados invisibles de cómo el romanticismo del viaje ha sido sustituido por el pragmatismo del tránsito. También de cómo la funcionalidad estructural del desarrollo general obstaculiza los recorridos de cada paisaje en particular. Frente a la inmaterialidad de muchos conceptos, nada tan corpóreo como el progreso. Especialmente cuando este aparece efectivamente a través de toda una serie de elementos arquitectónicos que demuestran que ya no es posible pensar el mundo desde el antagonismo entre naturaleza y cultura. El paisaje es acción, es aquello que ha sucedido sobre el territorio, aquello que sucede y aquello que está por suceder. El paisaje es también lo que nosotros hacemos con él, una posibilidad entre tantas otras desde la experiencia subjetiva del mismo.

Una mirada humanista buscaría en Vilobí d'Onyar a sus habitantes, bajo la creencia de que los lugares son, ante todo, aquellos que los habitan. En un ejercicio de nostalgia centrado en la idea de vecindario, esa mirada humanista privilegiaría al ser humano por encima de todas las cosas, devolviendo desde la representación ese "vivir juntos" que sucede dentro de un territorio atrapado entre toda la logística infraestructural de un mundo donde parecen ser otros los que están en constante desplazamiento. Una mirada que extravía el protagonismo del hombre en el mundo aterrizaría en un lugar como Vilobí d'Onyar olvidándose, en primera instancia, de la definición de vecino que nos propone el diccionario. La compañía no es un privilegio exclusivo del ser humano. O no es algo que sólo aparezca cuando dos o varias personas entran en contacto. Nuestra biografía emocional es capaz de incorporar muchas otras cosas: objetos, situaciones, territorios, deseos y expectativas. En un ejercicio de exploración centrado en la noción de territorio, esa otra mirada se desentendería de esa tendencia tan humana a privilegiar lo que tiene vida sobre aquello que no la tiene. En su reconocimiento del territorio dicha mirada priorizaría toda una serie de elementos periféricos donde la división entre lo natural y lo artificial no tiene sentido. Residuos de una utilidad disfuncional, estos elementos que irrumpen en el paisaje interrumpen el tránsito de aquellos que lo habitan. Lo orgánico del tránsito desaparece ante la actitud inhóspita de la barrera, que siempre nos obliga a dar marcha atrás y buscar un nuevo recorrido, convenciéndonos de que el aislamiento es protección. Al mismo tiempo que custodia aquello que está dentro de lo que está afuera, interrumpe el mundo gracias a la desconexión de sus partes. Los túneles, muros de contención, puentes y vallas demuestran que la adaptación al medio es también una adaptación del medio. El advenimiento de un "estar entre" como una manera de no avanzar hacia ninguna parte, la promesa de algo que siempre está por aparecer en un lugar donde aparentemente no pasa nada. Entender un territorio es entender sus límites. Una manera de superar sus limitaciones es el abandono; otra podría ser el manejo de sus posibilidades estéticas rastreando la acción de un ser humano que aparece como huella y no desde la presencia del encuentro. Todo el mundo necesita buenos vecinos. Sucede que a veces estos aparecen, no para saludarnos, sino para interrumpirnos el paso.

Sonia Fernández Pan

Many films start with an aerial view of the place where the story we are about to step into is set. This technique of closing in puts us plainly in a position of externality. We belong neither to the story being presented to us, nor to the place in which it unfolds. In our position as spectators, we are innocuous outsiders on other people's soil. But what if, like explorers from another world, we were to land in a territory we do know? Like in some sort of endeavour at contact with otherness, whereby rather than meeting strangers it were us that decided to behave like outsiders, ignoring as much as possible all that was already familiar to us about the place. But perhaps such an endeavour is not necessary to claim that nothing is more alien to us that our own birthplace. Once we leave it, there is no going back. The place we are born in functions as a first encounter with reality, and a first frontier in a world where the most interesting things always seem to happen elsewhere. The price we pay for a life in constant transit is emotional exile. Returning to our places of origin like explorers of foreign territory we know only too well can be a way of reconciling ourselves with our past. To return to recognise – understanding recognition not an assertion or a repetition of certainties and banalities, but as the discovery of a place through the prism of estrangement. To return, not in the hope of finding the hospitality of memory to cushion our relationship with the past, but as a way of rediscovering our place of origin and making it our destination.

Vilobí d'Onyar is just another name on the map; one of those tiny places that nobody notices on the anything-but-ingenuous representation of the world of maps. Though you would be hard pressed to find any tourists in Vilobí d'Onyar, there is a whole communications network that allows the world in constant motion to function. There are places which, for the four corners of the globe to be connected, seem forced to exist disconnected from the very world they help to connect. Invisible consequences and outcomes of how the romanticism of travel has been replaced by the pragmatism of transit; and how structural functionality of widespread development obstructs the passageways of a given landscape. Faced with the immateriality of many concepts, there is nothing quite as corporeal as progress. Especially when it manifests through a hoard of architectural elements that prove how it is impossible to think of the world in terms of nature versus culture any more. Landscape is action – it is what has happened to the land, what is happening to it and what is still to happen. Landscape is also what we do with it; it is one possibility among others derived from the subjective experience of self. A humanistic observation of Vilobí d'Onyar would focus on its inhabitants in the belief that places are above all about the people who live in it. Moved by a sense of nostalgia for the notion of neighbourhood, this humanistic way of seeing favours the people above all other things, restoring from representation this "living together" that occurs in a place mired in all the infrastructural logistics of a world where it is others that appear to be in constant displacement. A way of seeing that takes the spotlight off the human would fall on a place like Vilobí d'Onyar, at first forgetting the definition of neighbour supplied by the dictionary. Company is not a privilege exclusive to humans. Or, it is not something that only happens when two or more people come together. Our emotional biography is capable of incorporating many other things: objects, situations, territories, desires and expectations. The focus of an enquiry into the notion of territory would shun the very human propensity of favouring that which has life over that which does not. In its recognition of the territory this focus would prioritize a whole series of marginal elements where the separation of natural from artificial would be meaningless. The remains of a dysfunctional utility, these elements that spring up all over the landscape impede the movement of those inhabiting it. The organic recedes in the face of the inhospitable attitude of the barrier, which forever forces us to backtrack and look for an alternative route, persuading us that isolation is protection. While at the same time safeguarding what is on inside from the outside, the world bursts in, thanks to the disconnection of its parts. Tunnels, retaining walls, bridges and fences show that adaptation to the environment is also an adaptation of the environment. The advent of a "being in-between" as a way of not going anywhere, the promise of something always yet to appear in a place where nothing seems to be happening. To know a territory is to know its limits. One way of overcoming its limitations is through neglect; another might be by managing its aesthetic potential, tracking the action of a human being appearing as a trace and not from the presence of an encounter. Everyone needs good neighbours. It so happens that sometimes they appear not to greet us but to bar us from going forward.

Sonia Fernández Pan